2019 개정 누리과정에 기초한

유아 창의융합놀이 프로그램

박찬옥 곽현주
이예숙 홍찬의
황지영 공저

정민사

머리말

MIT 미디어랩의 석좌교수인 미첼 레스닉(Mitchel Resnick)은 저서 『미첼 레스닉의 평생 유치원』에서, 창의적 학습의 비밀은 자유로운 상상놀이에 있음을 강조합니다. 자유로운 상상놀이가 가장 잘 펼쳐지는 곳은 어디일까요? 레스닉은 유치원이라고 힘주어 말합니다. 초 · 중등학교, 아니 대학교가 유치원 방식으로 교수학습이 이루어진다면 미래 사회는 밝고 건강한 사회가 되리라고 확신합니다. UCLA 기계항공공학과 교수인 데니스 홍도 레스닉 주장에 동의하며, '번뜩이는 영감과 아이디어는 절대로 성적으로 순위가 매겨지는 교실에서 자라나지 않는다'고 말합니다. 아이들이 즐겁게 뛰놀면서 꿈을 발견할 수 있는 환경을 만드는 것이 중요하다고 덧붙입니다. 레스닉이나 데니스 홍이나 유치원이 꿈을 발견하는(즉, 상상력이 표출되는) 환경일 수 있는 이유는, 프뢰벨의 은물에서 찾을 수 있다고 합니다.

프뢰벨은 아이들이 세상에서 마주치는 모양, 패턴, 대칭성 등을 쉽게 이해하도록 돕기 위해 은물과 작업을 개발했는데, 아이들은 은물과 작업(프뢰벨의 선물)을 가지고 놀면서 자기 손과 눈으로 세상을 재창조하는 경험을 한다는 것입니다. 레스닉은 프뢰벨의 선물이 예술과 디자인을 과학과 엔지니어링에 융합함으로써 많은 경계를 허물었고, 그렇게 함으로써 아이들에게 창의적 사고와 창의적 표현이 가능한 환경을 제공했다고 설명합니다. 프뢰벨의 아이디어와 은물은 마리아 몬테소리의 교구로 이어지고, 오늘날의 레고블릭, 패턴블록, 팅커토이 등이 모두 프뢰벨 은물의 후예라고 주장합니다. 특히 지오데식 돔(삼각형 모양의 조각으로 만드는 반구형 구조물)을 만든 건축가 버크민스터 풀러(Buckminster Fuller)가 어릴적 유치원에서 프뢰벨의 막대와 구를 사용해 놀았던 경험이 훗날 그가 만든 건축물의 기초가 되었다고 고백한 것을 의미있게 소개하고 있습니다.

이제, 이미 시작된 AI 시대, 우리의 아이들이 앞으로 행복하게 살아가도록 도우려면, 우리 교육 현장은 어떻게 변해야 할까요?

2009년 초 · 중등 교육과정 개정 아래로 현재까지 우리의 교육지표는 창의융합형 인재를 육성하는 데 두고 있습니다. 이 흐름에 발맞추어 유아교육도 바른 인성과 창의성 교육에 주력해오고 있습니다. 특히 2019 개정 누리과정은 유아중심 · 놀이중심교육을 표방하여, 유아의 자발적 · 주도적 놀이를 통한 아이디어 발현 및 상상력, 창의력 향상에 중점을 두고 있습니다. 이는 3~5세 유아기가 발달적으로 자유로운 상상력과 다양한 표상활동이 활발한 시기라는 점에서 타당한 접근이라고 할 수 있습니다.

이와 같은 관점에서, 본 연구자들도 「2019 개정 누리과정에 기초한 유아창의융합놀이 프로그램」을 개발하게 되었습니다. 본 프로그램은 Part 1 유아창의융합놀이 프로그램 개요와 Part 2 유아창의융합놀이 프로그램 실제로 나뉘어 있습니다. Part 1은 2019 개정 누리과정과 유아창의융합놀이의 의미 및 연계를 이해하기 쉽게 풀었습니다. 그리고 유아창의융합놀이 프로그램의 구성체계를 도식화하여, 그 구성요소인 지향하는 목적 · 놀이경험의 과정 · 놀이경험의 세계를 구체적으로 설명하였습니다. Part 2는 유아창의융합놀이를 3~5세 연령별로 특성화하여, 상상놀이를 통한 3세 창의융합 프로그램, 메이커 놀이를 통한 4세 창의융합 프로그램, 미디어활용 융합놀이를 통한 5세 창의융합 프로그램을 소개하였습니다. 이들 세 가지 유형은 연령별 프로그램이면서 동시에 3연령 간 연계성 있는 프로그램이라는 성격을 갖고 있습니다.

무엇보다 2019 개정 누리과정이 추구하는 "유아주도 놀이경험의 의미"가 창의융합적 차원에서 빛날 수 있도록 놀이과정을 안내하고 있습니다.

본 프로그램이 유아들뿐만 아니라, 현장의 교사들, 학부모들에게 유용한 지침이 되고 활용되기를 기대합니다. 그리고 대학에서 예비교사로서 유아교육 · 보육을 전공하는 학생들에게도 유익한 교재가 되기를 소망합니다. 이 프로그램 책이 출판되기까지 물리적 · 정신적으로 지원해주신 정민사 박세원 대표와 임직원 여러분들께 감사드립니다.

2020년 1월

연구자 일동

차례

PART 2 유아창의융합놀이 프로그램의 실제

CHAPTER 01 상상놀이를 통한 3세 창의융합 프로그램

CHAPTER 02 메이커 놀이를 통한 4세 창의융합 프로그램

CHAPTER 03 미디어활용 융합놀이를 통한 5세 창의융합 프로그램

PART 01

유아창의융합놀이 프로그램의 개요

CHAPTER 01

유아창의융합놀이와 2019 개정 누리과정

CHAPTER 02

유아창의융합놀이 프로그램의 구성체계

CHAPTER 01

유아창의융합놀이와 2019 개정 누리과정

1. 유아창의융합놀이

유아창의융합놀이란, 유아가 즐겁게 놀이하면서 경험하는 다양한 분야의 지식들을 융합하여 새로운 지식과 가치를 창출하게 되는 활동을 말한다.

예를 들어, 유아교실의 쌓기놀이영역에서 자동차를 만들기로 한 또래들이 자동차의 몸체, 바퀴, 핸들, 문짝, 트렁크 등에 대해 나름대로 주장을 펴고, 갈등을 나타내며, 다시 조정하는 등의 과정을 거쳐 제대로의 모양을 갖춘 블록 자동차를 만들어 내는 놀이과정을 자주 보게 된다.

이 놀이과정에서 교사는 다음과 같은 의미를 찾을 수 있을 것이다.

- 유아들은 각기 나름대로의 경험적 지식을 갖고 있다.
- 유아들은 스스로 놀거리를 찾아내고 나름대로 놀아보며 즐거워한다.
- 또래들과 함께 놀이할 때, 자연스럽게 놀이 상황에 관련된 지식(정보)를 나누고 놀이를 확장해간다.
- 또래들 간의 놀이과정에서 일어나는 자기의견 제시, 주관적 주장, 의견충돌, 갈등 등은 유아의 지식 확장과 함께 사회적 성장에 도움이 된다.
- 자동차를 운전하는 멋진 모습을 상상하여 자동차를 만들고자 할 때, 유아는 자동차에 필요한 과학적 이해, 수학적 지식, 미적 감각 등 다양한 분야의 지식이나 정보, 공감이 필요함을 알게 된다.
- 무엇인가를 상상하여 그리거나 만들고자 할 때 유아는 자유롭게 생각을 펼치는가 하면, 때로는 표현하고자 하는 것을 설계하여 단계적으로 펼치는 것도 유용함을 인식하게 된다.

이제, 유아창의융합놀이의 중요성을 파악하기 위하여, 다음과 같은 질문을 해볼 필요가 있다.

첫째, 유아는 발달적으로 어떤 존재인가?

유아를 발달적으로 탐색하기에 앞서, 우리나라 국가수준에서 인식하고 있는 아동관을 먼저 살펴보고자 한다. 이는 제3차 표준보육과정(2013년 1월, 보건복지부 고시)의 기본전제에서 찾아볼 수 있다. 기본전제 중 제일 먼저 제시된 것이 「영유아는 개별적인 특성을 지닌 고유한 존재이다」 라는 아동관이다. 이는 영유아가 타인과 비교되어서는 안 되며, 잠재된 능력이 발현되어 꽃피우기까지 나름대로의 과정이 있는, 개성 있는 존재임을 피력하고 있다.

이와 같은 맥락에서, 교육부 고시 제2019-189호 · 보건복지부 고시 제2019-152호로 발표된 2019 개정 누리과정의 편성 · 운영에는 "성, 신체적 특성, 장애, 종교, 가족 및 문화적 배경 등으로 인한 차별이 없도록 편성하여 운영한다."라고 기술되어 있다.

이에 유아는 그 자체로서 존중받아야 할 존재임을 명확히 하고자 한다.

'발달적으로 유아기는 어느 때를 가리키는가?' 라고 물을 때, 학자에 따라서는 영아기(0~2세)와 학령기(초등학교 입학~졸업 시기)의 중간 시기(3~5세)라고 주장하기도 하고, 두뇌발달상 0~8세(영아기~아동 초기)로 넓게 보기도 하며, 우리나라 학제상으로는 3~5세를 유아기로 정의하고 있다.

3~5세 유아의 주요 발달적 특징을 개괄하면 | 그림 1-1 |과 같다.

3세

사회적 자아 · 자유로운 상상

- 거울심상
- 기본생활습관 구축
- 기초적 사고력 발달
- 다양한 상징놀이

4세

사회적 친밀감 · 창의적 표현

- 자기주장 표현
- 계획-수행-평가
- 시도한 것의 완수 노력
- 또래갈등 및 해결
- 상상 활동과 창의적 표현
- 상상적 이야기 만들기

5세

공동체의식 · 표상적 사고

- 의사소통기술
- 공감능력 발달
- 우정(친구 사귀기)
- 협력 · 공동 작업
- 규칙 만들기
- 창의적 문제해결 시도
- 상징적 기호 인식

| 그림 1-1 | 3~5세 유아의 주요 발달 특징

3세

영아기를 지나 유아기로 들어서는 연령이다.

부모나 교사와의 관계에서 "나" 위주 또는 "나" 중심의 생활을 하다가 "우리" 또는 "집단"의 소속감을 현실적으로 인지하게 되는 시기이다. 따라서 유아는 집단생활에서 "과연 교사가, 또래들이 나를 알아줄까?"라는 두려움과 설레임을 겪게 되며, 타인들이 나를 어떻게 대해주는가에 따라 자신의 자아개념도 형성하게 되는 발달단계에 있다. 이때, 자신의 존재감, 유능감을 타인에게 인식시키기 위한 노력으로 "혼자 할 수 있어요.", "힘들지만 참을 수 있어요." 등의 언어표현을 반복하며 사회적 관계형성의 기초가 되는 기본생활습관을 구축하게 된다. 놀잇감을 자발적으로 선택하여 자유놀이를 하고, 놀았던 놀잇감을 제자리에 정리 정돈하는 습관을 형성하는 과정에서 분류, 순서 짓기, 전체와 부분, 수와 양의 관계 등 기초적 사고력이 발달하게 된다. 무엇보다도 영아기부터 발달한 가작화 활동이 다양한 상징놀이로 확장하는 모습을 발견할 수 있다.

즉, 3세 유아들은 사회적 존재로서의 자신과 타인을 인식하고, 생각한 것을 자유롭게 표현하고 상상하기를 즐기면서, 소꿉놀이 · 가게놀이, 병원놀이 등의 다양한 상황과 역할이 있는 놀이에 관심을 보인다.

4세

집단생활에 적응하면서 자기의 생각이나 감정을 강력히 표현 · 주장하는 모습을 보인다. 또래들과의 관계에서 우위를 점령하고자 하는 욕구가 강해져 "내가 먼저 하겠다"고 고집을 부린다.

따라서 또래 간의 갈등이 자주 나타난다. 어떤 일이든 용기 있게 시도해 보려는 태도를 보이며, 활동을 해나가는 과정에서 계획의 필요성을 인식하고 계획-수행-평가의 단계를 수용하게 된다. 그러나 아직은 시도한 것을 끝까지 완수하기 힘들어 하기도 한다. 무엇보다도 4세는 많은 학자들이 상상활동기라고 부르며, 판타지 동화를 좋아하고 상상력을 마음껏 펼쳐 창의적으로 표현하기를 즐긴다.

예를 들어, 상상력이 풍부해진 4세 유아는 이전에 들었던 동화를 바탕으로 상상적인 이야기를 만들곤 한다. 아직은 완전하게 사고 능력이 발달하기 전이라, 처음에 시작한 이야기와 나중의 이야기가 달라질 수도 있지만, 나름대로 꽤 진짜 이야기처럼 들리기도 한다. 때로는 실제 사건을 윤색하여 이야기하기도 하고, 없는 사건을 실제 사건처럼 가장하며 이야기하기도 한다. 이 시기는 환상과 실제 사이의 경계가 불분명하여 의도하지 않은 거짓말을 하기도 한다.

5세

우리 집, 우리 유치원(어린이집), 우리 반, 우리 팀 등 공동체적 의식이 강화되고 공감적 유대관계를 형성한다. 또래 간의 갈등이 줄어들면서 "함께~하자"라는 공동 작업에 참여한다. 또래 간에 정보를 나누고 설득과 경청의 기술을 연습하면서 의사소통 능력을 발달시킨다.

무엇보다도, 주어진 것을 그대로 수용하기보다 바꾸어 보고자 하거나 새롭게 만들어 보고자 하는 시도를 즐긴다. 예를 들어, 3월에 구성한 교실환경을 5월초에는 봄의 느낌이 나도록 가구를 재배치하고 벽면을 새롭게 꾸민다든지, 쌓기놀이영역의 갈등을 최소화하고자 놀이규칙을 협의하여 새롭게 정한다든지 등이다. 창의적으로 문제해결하고자 하는 시도를 즐기며, 이를 위해 문제해결과정을 유아들이 브레인스토밍하며 계획하고 역할분담하여 수행해가는 활동에 참여하기를 좋아한다.

5세 유아들은 단어나 숫자 같은 상징을 머릿속으로 표상할 수 있어서, 이러한 상징적 사고의 발달로 상상놀이가 더욱 복잡해지고 정교해진다.

둘째, 유아에게 놀이란 무엇인가?

유아에게 놀이란 삶의 역사이고 문화이다. 이는 놀이 관련 학자들(Brown & Vaughan, 2010, Sutton-Smith, 2008 등)의 공통된 견해이다. 특히 브라운과 본은 "놀이란 의식과 언어 이전의 매우 원초적인 본능이다"라고 주장한다. 즉, 놀이가 인간의 의식이나 언어능력 이전에 존재했던 아주 먼 옛날의 생물학적 구조에 기원을 두고 있다는 것이다. 예를 들어, 아주 어린 영아라도 "지금부터 놀아야지"라는 의식적인 결정을 하기보다는, 놀잇감이 없어도 팔 · 다리를 흔들거나, 발가락을 입으로 가져가고, 옹알이를 하면서 자연스럽게 노는 것을 볼 수 있다. 몸을 가지고 놀면서 외롭다는 것을 잊고, 즐거워하며, 엄마가 오기를 기다리고, 발가락의 느낌을 인지하고, 옹알이로 자신의 생각과 느낌을 표현하고 주위 사람의 관심을 끈다. 특별히 놀이하는 방법을 배우지 않아도 유아들은 놀면서 삶의 방식을 구축해간다.

유아에게 놀이가 자연스럽고 자발적인 생활 경험일 수 밖에 없는 이유를 스튜어트 브라운과 크리스토퍼 본은 「원초적 본능론」과 함께 다음과 같이 설명한다.

놀이에는 고유의 매력이 있다는 것이다.

놀이는 재미있고, 신나고, 때로는 흥분하게도 되며, 외롭거나 지루하다는 것을 잊게 된다.

놀이하다보면 시간 개념도 잃어버리고, 자의식이 줄어든다는 것이다.

놀이에 완전히 빠지면, 현실과 다른 세계에 들어가 몰입하게 되고 남이 나를 어떻게 생각하는지에도 신경 쓰지 않게 된다. 놀다보면 '20분만 놀아야지'가 안 되고, 놀이에 놀이가 더해져 밥 먹을 시간도 잊어버리며, 심지어 상상놀이에서는 현실의 내가 아닌 다른 '자아'가 되기도 한다.

놀이는 언제 어디서든지 즉흥적으로 바꿀 수 있다는 것이다.

어떤 놀이를 하든 놀이 방법이 엄격하게 정해져 있지 않다. 사전에 계획한대로 놀이를 진행할 수도 있지만, 놀이 자료, 놀이자, 놀이 공간 등의 우연성이나 돌발적 변화 등이 끼어들 때 유아는 생각이나 계획을 바꾸게 되고, 사물을 전과 다른 식으로 보며 신선한 통찰을 얻기도 한다. 유아는 놀면서 새로운 아이디어나 새로운 방법을 깨닫고 놀이를 확장해간다.

놀이는 지속하고 싶은 욕구를 불러일으킨다는 것이다.

놀이를 통해 얻는 즐거움이나 새로운 정보의 획득, 자신의 발견 등은 놀이를 계속하고 싶어 하는 욕구를 가져온다.

이러한 이유 때문에 놀이는 자유의 결정체라고 할 수 있으며, 유아들이 아침에 눈 뜨면서부터 저녁에 잠들 때까지 놀이를 계속하게 된다고 볼 수 있다.

그런데 중요한 것은, 유아가 태어나면서 성장해 가는 동안 매 발달단계마다 어떤 놀이를 하고, 어떻게 놀았으며, 어떤 의미를 경험했는지에 따라 유아의 삶의 역사가 만들어지며 유아의 인격이 형성된다는 점이다.

미국의 스트롱 놀이 박물관에서 일하는 스코트 에버리(Scott Eberle, 2014)는 놀이경험의 의미를 여섯 가지로 제시한 바 있다.

| 그림 1-2 | 놀이경험의 의미바퀴

출처: Brown & Vaughan을 번역한 윤미나(2010), p.57.

기대 놀이를 하기 전에 유아는 이 놀이 상황에서 어떤 경험을 하게 될지 호기심 · 두려움 · 궁금함 · 예상 등을 하며 기다리게 된다. 사실 놀이를 자발적으로 우연히 하게 될 때 불확실성과 위험요소가 얼마간 존재하기 때문이다.

놀라움 놀이를 하면서 예기치 못한 발견을 하거나, 새로운 감각 또는 아이디어를 갖게 되고 발상의 전환이 이루어지기도 한다.

즐거움 놀이를 하면서 기분 좋은 것을 느끼게 되고 더욱 몰입하게 된다.

이해 놀이를 통해 새로운 지식을 습득하고, 여러 개념들을 종합하기도 하며, 새로운 아이디어들을 적용하기도 한다.

힘 놀이를 하면서 경험하게 되는 정보의 확장, 기술의 향상, 새로운 놀이에 대한 두려움의 극복, 세상이 돌아가는 원리에 대한 깨달음 등을 통해 이전보다 자신이 더 강해지고 성장한 느낌을 갖는다.

평형 놀이 끝에 얻게 되는 만족감, 자기조절감, 여유, 삶의 균형감각 등을 얻게 된다.

셋째, 유아기에 왜 창의융합놀이인가?

2009 개정 교육과정 이래로 2019년 현재까지 국가교육의 방향은 창의융합형 인재 양성을 목표로 하고 있다. 초 · 중등교육에 있어서 2009년에 고시한 개정 교육과정이 자율성과 창의성을 강화하기로 표명한 이후, 2015년 개정 교육과정은 공교육 정상화를 위한 핵심과제로 창의융합형 인재양성을 제시하였다.

창의융합형 인재란 인문학적 상상력, 과학기술 창조력을 갖추고 바른 인성을 겸비하여 새로운 지식을 창조하고 다양한 지식을 융합하여 새로운 가치를 창출할 수 있는 사람을 의미한다(교육부 보도자료, 2015).

여기서 유념해야 할 것은, 창의융합형 인재가 갖추어야 할 핵심역량이 전제되고 있다는 점이다. 핵심역량은 자기관리역량, 지식정보처리역량, 창의적 사고역량, 심미적 감성역량, 의사소통역량 및 공동체역량의 6가지이다. 이를 위해 학습내용의 적정화를 기하고 자유학기제를 실시하며, 실생활 학습 · 프로젝트 수업, 다양한 답이 가능한 수업 등 학생활동 중심의 수업을 도입하는 등의 개혁적인 방안을 담고 있다.

유-초 연계를 지향하는 유아교육과정의 기본 입장에서는 초 · 중등 교육과정의 변화에 민감할 수밖에 없으며, 이에 따라 개정된 누리과정 역시 21세기 미래지향적 인간을 길러내기 위한 핵심역량을 반영하여 추구하는 인간상을 명시하고 있다.

2019 개정 누리과정의 추구하는 인간상은 건강한 사람, 자주적인 사람, 창의적인 사람, 감성이 풍부한 사람, 더불어 사는 사람의 5가지이다.

이제, 현재의 유아가 이후 초 · 중등학교까지 계속적 교육을 통하여 일관되게 지향하는 바가 창의융합형 인재로 성장하는 것이라고 할 때, **유아기 발달에 적합한 창의융합 접근 방법을 제시할 필요가 있다.**

유아기 발달특성에 기초하여 창의융합의 접근 방법을 제시하고자 할 때, 우선적으로 거론하는 것이 놀이이다. 스티븐 나흐마노비치(Stephen Nachmanovitch, 2008)가 말했듯이 '놀이란 마르지 않는 창조의 샘'이라는 정의에 공감하는 것이 보편적이다. 실제로 유아들이 자유롭게 놀이하는 모습을 보면, 같은 놀이 상황에서도 나름대로 끊임없이 새로운 시도를 해보며 스스로 변화하는 과정을 경험하는 것을 발견할 수 있다. 이렇게 유아가 개별화되고 동기화된 특성을 반복적으로 즐길 수 있다면, 놀이는 유아가 자아를 만들어 가는 독특한 통로가 될 것이다(김명순, 2019).

2019 개정 누리과정에서도 놀이가 갖는 인문학적 · 자연과학적 경험의 다양성과 통합성을 적극 수용하여 유아중심 · 놀이중심의 교육과정을 표방하고 있다. 구체적으로는 누리과정의 목표에서 '자신의 일을 스스로 해결하는 기초능력을 기른다. 호기심과 탐구심을 가지고 상상력과 창의력을 기른다. 일상에서 아름다움을 느끼고 문화적 감수성을 기른다. 사람과 자연을 존중하고 배려하며 소통하는 태도를 기른다.'라고 기술함으로써, 유아기에 적합한 창의융합을 문제해결 기초능력 · 상상력 · 창의력 · 문화적 감수성 · 배려와 소통 등으로 설정하고 있음을 보여준다.

이와 맥락을 같이하여, 이시도 나나코(2016), 스티븐 나흐마노비치(2008), 이하영, 진영은(2014), 정재승(2019) 등은 창의융합의 기초능력으로 특별히 상상력을 강조하고 있다. 삐아제(Piaget)를 비롯한 많은 발달심리학자들은 유아기를 상상 활동기라고 명명하면서, 유아들은 눈앞에 없는 것, 실재하지 않은 것을 마음속에 그려보기를 즐기는 상상력이 풍부한 시기에 있다고 설명한다. 허승희, 박동섭, 강승희(1999)는 유아들이 순수한 호기심을 가지고, 자발적으로 동기화되어, 불가능한 현실에 대한 소망을 환상으로 경험하기를 즐기며, 불확실한 미래에 대해 상상으로 설계하는 발달적 특징이 있다고 주장한다. 특히 미래학자 다니엘 핑크(Daniel Pink, 2005)는 창의융합적 인재가 갖추어야 할 조건으로 하이터치(High Touch)와 하이컨셉(High Concept)을 제시한 바 있다. 하이터치는 공감능력을, 하이컨셉은 창의적 문제해결능력을 의미하며, 이 두 능력이 융합될 때 새로운 세상을 창조하는 인재가 되리라고 주장한다.

이상의 논의들을 종합할 때, 앞으로 창의융합형 인재로 성장하기 위해 유아기에 적합한 접근은 창의융합놀이라고 할 수 있다.

창의융합놀이는 유아의 상상력, 창조력, 공감능력 등이 통합적으로 경험되는 놀이라고 정의하고자 한다.

2. 2019 개정 누리과정

2019 개정 누리과정은 2017년 12월 27일에 교육부가 발표한 유아교육 혁신방안을 배경으로 하고 있다. 이 혁신방안은 출발선 평등을 실현하기 위한 것이었으며, 주요 내용 중 하나가 '유아가 중심이 되고 놀이가 살아나는 유아 중심 · 놀이 중심의 교육과정 혁신'이다(김은영, 2019). 누리과정 혁신 방향에는 개별 유아의 다양한 특성을 고려하며, 유아의 자유놀이 권장, 현장의 자율성 확대 등이 포함되어 있다.

이제 2019년 7월 24일에 발표된 교육부 고시 제2019-189호와 보건복지부 고시 제2019-152호에 의한 2019 개정 누리과정을 소개하기로 한다.

누리과정의 성격

누리과정은 3~5세 유아를 위한 국가수준의 공통 교육과정이다.

가. 국가수준의 공통성과 지역, 기관 및 개인 수준의 다양성을 동시에 추구한다.

나. 유아의 전인적 발달과 행복을 추구한다.

다. 유아 중심과 놀이 중심을 추구한다.

라. 유아의 자율성과 창의성 신장을 추구한다.

마. 유아, 교사, 원장(감), 학부모 및 지역사회가 함께 실현해가는 것을 추구한다.

[총 론]

추구하는 인간상

누리과정이 추구하는 인간상은 다음과 같다.

가. 건강한 사람
나. 자주적인 사람
다. 창의적인 사람
라. 감성이 풍부한 사람
마. 더불어 사는 사람

목적과 목표

누리과정의 목적은 유아가 놀이를 통해 심신의 건강과 조화로운 발달을 이루고 바른 인성과 민주 시민의 기초를 형성하는 데에 있다.

이를 실현하기 위한 목표는 다음과 같다.

가. 자신의 소중함을 알고, 건강하고 안전한 생활습관을 기른다.
나. 자신의 일을 스스로 해결하는 기초능력을 기른다.
다. 호기심과 탐구심을 가지고 상상력과 창의력을 기른다.
라. 일상에서 아름다움을 느끼고 문화적 감수성을 기른다.
마. 사람과 자연을 존중하고 배려하며 소통하는 태도를 기른다.

구성의 중점

누리과정 구성의 중점은 다음과 같다.

가. 3~5세 모든 유아에게 적용할 수 있도록 구성한다.
나. 추구하는 인간상 구현을 위한 지식, 기능, 태도 및 가치를 반영하여 구성한다.
다. 신체운동 · 건강, 의사소통, 사회관계, 예술경험, 자연탐구의 5개 영역을 중심으로 구성한다.
라. 3~5세 유아가 경험해야 할 내용으로 구성한다.
마. 0~2세 보육과정 및 초등학교 교육과정과의 연계성을 고려하여 구성한다.

편성 · 운영

다음의 사항에 따라 누리과정을 편성 · 운영한다.

가. 1일 4~5시간을 기준으로 편성한다.
나. 일과 운영에 따라 확장하여 편성할 수 있다.
다. 누리과정을 바탕으로 각 기관의 실정에 적합한 계획을 수립하여 운영한다.
라. 하루 일과에서 바깥 놀이를 포함하여 유아의 놀이가 충분히 이루어지도록 편성하여 운영한다.
마. 성, 신체적 특성, 장애, 종교, 가족 및 문화적 배경 등으로 인한 차별이 없도록 편성하여 운영한다.
바. 유아의 발달과 장애 정도에 따라 조정하여 운영한다.
사. 가정과 지역사회와의 협력과 참여에 기반하여 운영한다.
아. 교사 연수를 통해 누리과정의 운영이 개선되도록 한다.

교수 · 학습

교사는 다음 사항에 따라 유아를 지원한다.

가. 유아가 흥미와 관심에 따라 놀이에 자유롭게 참여하고 즐기도록 한다.

나. 유아가 놀이를 통해 배우도록 한다.

다. 유아가 다양한 놀이와 활동을 경험할 수 있도록 실내외 환경을 구성한다.

라. 유아와 유아, 유아와 교사, 유아와 환경 간에 능동적인 상호작용이 이루어지도록 한다.

마. 5개 영역의 내용이 통합적으로 유아의 경험과 연계되도록 한다.

바. 개별 유아의 요구에 따라 휴식과 일상생활이 원활히 이루어지도록 한다.

사. 유아의 연령, 발달, 장애, 배경 등을 고려하여 개별 특성에 적합한 방식으로 배우도록 한다.

평가

평가는 다음 사항에 중점을 두고 실시한다.

가. 누리과정 운영의 질을 진단하고 개선하기 위해 평가를 계획하고 실시한다.

나. 유아의 특성 및 변화 정도와 누리과정의 운영을 평가한다.

다. 평가의 목적에 따라 적합한 방법을 사용하여 평가한다.

라. 평가의 결과는 유아에 대한 이해와 누리과정 운영 개선을 위한 자료로 활용할 수 있다.

[영역별 목표 및 내용]

신체운동 · 건강

1. 목표

실내외에서 신체활동을 즐기고, 건강하고 안전한 생활을 한다.

1) 신체활동에 즐겁게 참여한다.
2) 건강한 생활습관을 기른다.
3) 안전한 생활습관을 기른다.

2. 내용

내용 범주	내용
신체활동 즐기기	신체를 인식하고 움직인다.
	신체 움직임을 조절한다.
	기초적인 이동운동, 제자리 운동, 도구를 이용한 운동을 한다.
	실내외 신체활동에 자발적으로 참여한다.
건강하게 생활하기	자신의 몸과 주변을 깨끗이 한다.
	몸에 좋은 음식에 관심을 가지고 바른 태도로 즐겁게 먹는다.
	하루 일과에서 적당한 휴식을 취한다.
	질병을 예방하는 방법을 알고 실천한다.
안전하게 생활하기	일상에서 안전하게 놀이하고 생활한다.
	TV, 컴퓨터, 스마트폰 등을 바르게 사용한다.
	교통안전 규칙을 지킨다.
	안전사고, 화재, 재난, 학대, 유괴 등에 대처하는 방법을 경험한다.

의사소통

1. 목표

일상생활에 필요한 의사소통능력과 상상력을 기른다.

1) 일상생활에서 듣고 말하기를 즐긴다.
2) 읽기와 쓰기에 관심을 가진다.
3) 책이나 이야기를 통해 상상하기를 즐긴다.

2. 내용

내용 범주	내용
듣기와 말하기	말이나 이야기를 관심 있게 듣는다.
	자신의 경험, 느낌, 생각을 말한다.
	상황에 적절한 단어를 사용하여 말한다.
	상대방이 하는 이야기를 듣고 관련해서 말한다.
	바른 태도로 듣고 말한다.
	고운 말을 사용한다.
읽기와 쓰기에 관심 가지기	말과 글의 관계에 관심을 가진다.
	주변의 상징, 글자 등의 읽기에 관심을 가진다.
	자신의 생각을 글자와 비슷한 형태로 표현한다.
책과 이야기 즐기기	책에 관심을 가지고 상상하기를 즐긴다.
	동화, 동시에서 말의 재미를 느낀다.
	말놀이와 이야기 짓기를 즐긴다.

사회관계

1. 목표

자신을 존중하고 더불어 생활하는 태도를 가진다.

1) 자신을 이해하고 존중한다.
2) 다른 사람과 사이좋게 지낸다.
3) 우리가 사는 사회와 다양한 문화에 관심을 가진다.

2. 내용

내용 범주	내용
나를 알고 존중하기	나를 알고 소중히 여긴다.
	나의 감정을 알고 상황에 맞게 표현한다.
	내가 할 수 있는 것을 스스로 한다.
더불어 생활하기	가족의 의미를 알고 화목하게 지낸다.
	친구와 서로 도우며 사이좋게 지낸다.
	친구와의 갈등을 긍정적인 방법으로 해결한다.
	서로 다른 감정, 생각, 행동을 존중한다.
	친구와 어른께 예의바르게 행동한다.
	약속과 규칙의 필요성을 알고 지킨다.
사회에 관심 가지기	내가 살고 있는 곳에 대해 궁금한 것을 알아본다.
	우리나라에 대해 자부심을 가진다.
	다양한 문화에 관심을 가진다.

예술경험

1. 목표

아름다움과 예술에 관심을 가지고 창의적 표현을 즐긴다.

1) 자연과 생활 및 예술에서 아름다움을 느낀다.
2) 예술을 통해 창의적으로 표현하는 과정을 즐긴다.
3) 다양한 예술 표현을 존중한다.

2. 내용

내용 범주	내용
아름다움 찾아보기	자연과 생활에서 아름다움을 느끼고 즐긴다.
	예술적 요소에 관심을 갖고 찾아본다.
창의적으로 표현하기	노래를 즐겨 부른다.
	신체, 사물, 악기로 간단한 소리와 리듬을 만들어 본다.
	신체나 도구를 활용하여 움직임과 춤으로 자유롭게 표현한다.
	다양한 미술 재료와 도구로 자신의 생각과 느낌을 표현한다.
	극놀이로 경험이나 이야기를 표현한다.
예술 감상하기	다양한 예술을 감상하며 상상하기를 즐긴다.
	서로 다른 예술 표현을 존중한다.
	우리나라 전통 예술에 관심을 갖고 친숙해진다.

자연탐구

1. 목표

탐구하는 과정을 즐기고, 자연과 더불어 살아가는 태도를 가진다.

1) 일상에서 호기심을 가지고 탐구하는 과정을 즐긴다.
2) 생활 속의 문제를 수학적, 과학적으로 탐구한다.
3) 생명과 자연을 존중한다.

2. 내용

내용 범주	내용
탐구과정 즐기기	주변 세계와 자연에 대해 지속적으로 호기심을 가진다.
	궁금한 것을 탐구하는 과정에 즐겁게 참여한다.
	탐구과정에서 서로 다른 생각에 관심을 가진다.
생활 속에서 탐구하기	물체의 특성과 변화를 여러 가지 방법으로 탐색한다.
	물체를 세어 수량을 알아본다.
	물체의 위치와 방향, 모양을 알고 구별한다.
	일상에서 길이, 무게 등의 속성을 비교한다.
	주변에서 반복되는 규칙을 찾는다.
	일상에서 모은 자료를 기준에 따라 분류한다.
	도구와 기계에 대해 관심을 가진다.
자연과 더불어 살기	주변의 동식물에 관심을 가진다.
	생명과 자연환경을 소중히 여긴다.
	날씨와 계절의 변화를 생활과 관련짓는다.

CHAPTER 02

유아창의융합놀이 프로그램의 구성체계

1. 유아창의융합놀이 프로그램의 개발 배경

유아창의융합놀이 프로그램을 개발하게 된 배경은 | 그림 2-1 |과 같다.

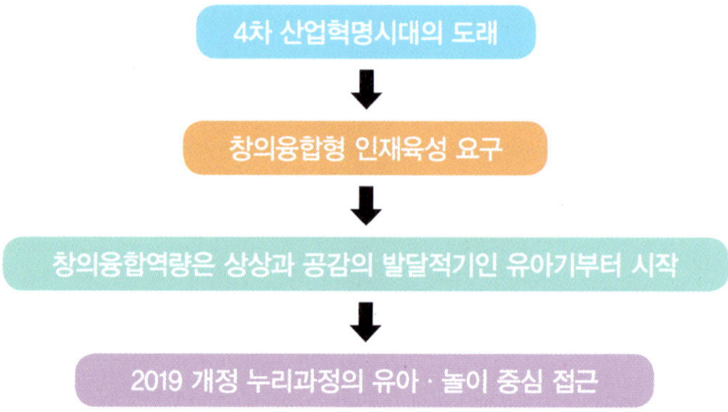

| 그림 2-1 | 유아창의융합놀이 프로그램의 개발 배경

1) 4차 산업혁명시대의 도래

인공지능시대가 열리면서 산업사회는 사물인터넷, 빅데이터 등 정보통신기술과의 융합을 통해 경제 · 사회 전반에 혁신적인 변화가 나타나게 되었다. 중요하고도 급격한 충격적 변화는 딥러닝으로 프로그래밍된 로봇이 인간의 많은 업무영역을 대체함으로써 인간은 무엇으로 어떻게 살아야 할까라는 숙제를 갖게 되었다는 것이다.

이는 창의융합적 인재 육성의 요구로 이어졌다.

2) 창의융합형 인재육성 요구

21세기 4차 산업혁명시대는 새로운 발상과 도전으로 창의성을 발휘하고, 문화적 소양과 다원적 가치에 대한 이해를 갖추며, 세계와 소통하는 시민으로서 배려와 나눔의 정신으로 공동체 발전에 기여하는 창의융합적 인재를 요구하게 되었다(김성원, 정영란, 우애자, 이현주, 2012). 그렇다면 창의융합적 인재는 언제부터 육성해야 하는가가 관건이 되었다.

3) 창의융합역량은 상상과 공감의 발달적기인 유아기부터 시작

창의융합역량은 초 · 중등교육에서 분리된 교과교육으로 육성되기 어려우며, 상상력이 풍부하고 공감적 감수성이 발달하는 유아기부터 계발할 필요성이 제기되었다. 이에 따라 유아기 발달특성을 고려한 창의융합접근 방법의 제시가 요구되었다.

4) 2019 개정 누리과정의 유아 · 놀이 중심 접근

2019 개정 누리과정은 국정과제 '유아교육혁신방안(2017. 12)'에서 제시한 「유아 · 놀이중심 교육과정 개편」이며 미래 핵심역량을 반영한 교육과정으로의 전환이다. 교육부장관과 보건복지부장관은 개정 누리과정을 통해 유아들이 행복을 누려야 할 권리의 주체로서 창의적 놀이를 통해 잠재력을 키울 수 있기를 기대한다고 말하였다.

이러한 배경을 가지고 유아창의융합놀이 프로그램이 개발되었다.

2. 유아창의융합놀이 프로그램의 순환모형

유아창의융합놀이 프로그램은 2019 개정 누리과정에 기초하여 개발되었으며, 그 모형은 ｜그림 2-2｜와 같이 순환적 체계를 갖고 있다.

유아창의융합놀이 프로그램을 구성하는 놀이경험의 세계, 놀이경험의 과정, 지향하는 목적 등 요소들은 요소 상호 간에 누가 먼저라고 할 것 없이 순환적으로 상호 영향을 주고받는다. 즉, 지향하는 목적-놀이경험의 세계-놀이경험의 과정-지향하는 목적-놀이경험의 과정 순서로 이어지는가 하면, 놀이경험의 세계-놀이경험의 과정-지향하는 목적-놀이경험의 세계의 순서도 가능하고, 놀이경험의 과정-놀이경험의 세계-지향하는 목적-놀이경험의 과정 순서로 나타날 수도 있다. 이들 요소에 대해 구체적으로 살펴보고자 한다.

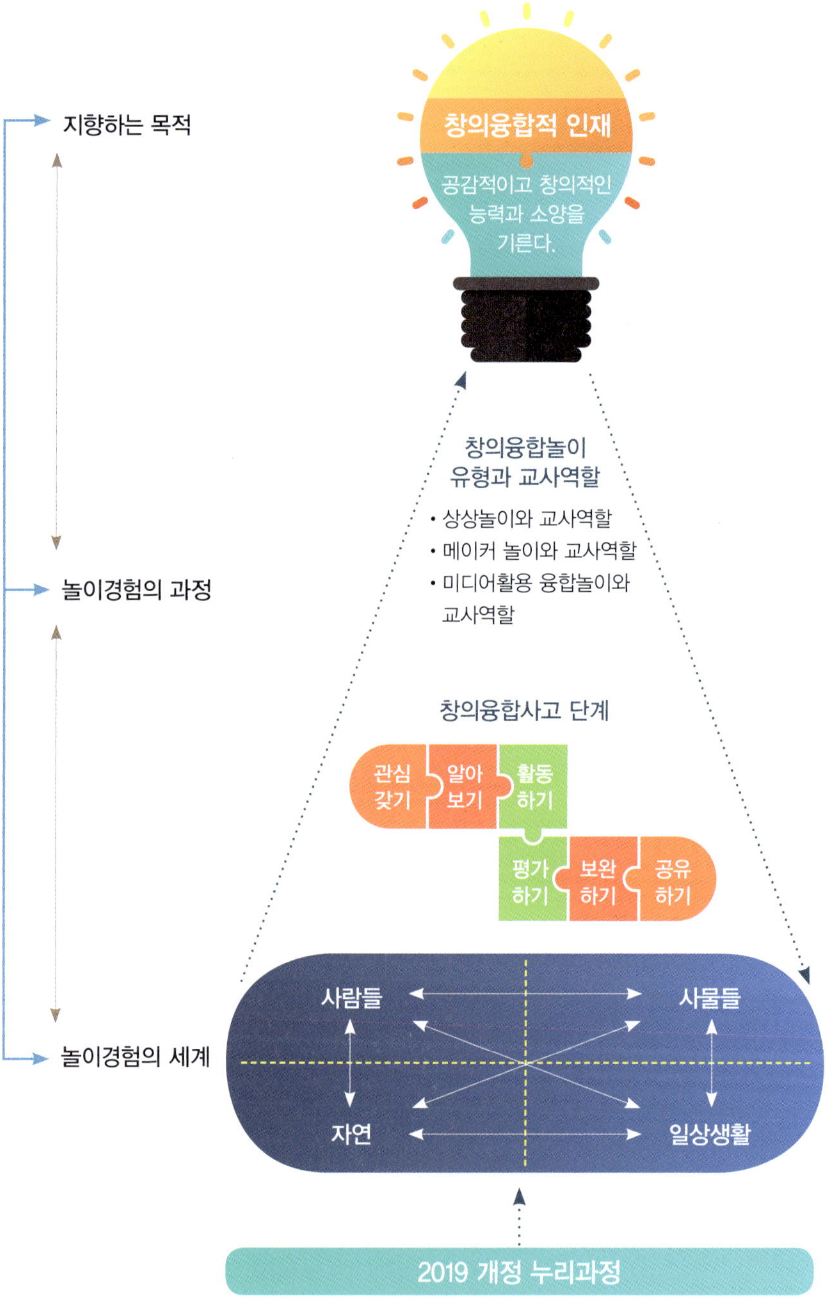

| 그림 2-2 | 유아창의융합놀이 프로그램의 순환모형

1) 지향하는 목적

본 프로그램은 유아가 창의융합적 인재로 성장하는 데 기초가 되는 공감적이고 창의적인 능력과 소양을 기르는 것을 목적으로 한다.

본 목적의 구체적인 목표는 다음과 같다.

첫째, 일상생활에서 만나는 사물, 자연, 사람들을 존중하고 배려하며 소중히 여긴다.

둘째, 상상하기를 즐기며, 상상한 것을 다양하고 자유롭게 표현하기를 좋아한다.

셋째, 호기심을 가지고 대상을 탐색하며, 여러 번의 시도과정을 통해 알게 된 것을 뿌듯해 한다.

넷째, 또래들과 알고 있는 것을 나누고 공감하며, 새로운 것을 만들어 가면서 생각을 넓힌다.

2) 놀이경험의 세계

본 프로그램은 유아가 놀이 상황에서 사람, 사물, 자연 및 일상생활과의 의미 있는 만남을 통해 공감적이고 창의적인 유아로 자라도록 하는 데 중점을 둔다. 유아의 삶의 세계는 다양한 사람들과 사물들, 그리고 자연과 더불어 상호작용하는 경험으로 축적된다. 이에 따라 본 프로그램도 유아가 경험하는 세계를 사람들(people), 사물들(things), 자연(nature), 일상생활(daily life)의 4개 영역으로 구성하였다. 이들 4영역은 독립적이면서도 상호의존적인 성격을 갖는다.

사람들영역

유아는 태어나면서부터 듣게 되는 "이름"을 통해 자신이 다른 사람과 구별되는 유일하고 독특한 존재임을 알아차린다. 특히 주변의 사람들과의 의미 있는 상호작용을 하면서 자신도 생각하고, 느끼고, 움직이고, 말하는 사람이라는 것을 자각한다. 나아가 모든 사람이 "내 마음과 같지 않다"는 것을 느끼고 두려워하기도 하나, 칭찬과 격려를 통해 자신감을 갖게 되면서 사람들 간의(또래들 간의) 차이를 수용하고, 소통하고, 공감하면서 더불어 살아가는 데 필요한 역량을 발달시켜 나간다.

사물들영역

유아가 영아기부터 자신의 힘(power)을 지각하게 된 1차적 대상은 놀잇감 등 사물들이라고 할 수 있다. 유아가 의도적이든 비의도적이든 조작하는 대로 사물들은 따라주게 되어 있다. 유아는 놀잇감을 비롯한 도구, 가구 등의 사물들을 끼우고, 늘어놓고, 흔들고, 던지고, 매달고, 돌리고, 딛고 일어나는 등 마음대로 움직일 수 있다. 사람들과의 관계에서 겪게 되는 갈등이 사물들과는 일어나지 않는다. 물론 의도한 대로 블록들이 안 끼워지고 차곡차곡 쌓아지지 않을 때도 있지만, 화내지 않고 잘 생각해 보면 사물들은 유아의 생각과 행동을 거스르지 않는다. 따라서 유아는 자유롭게 사물들의 구조, 색, 크기 등 특성을 알려고 하며, 여럿 사물들을 연결하여 새로운 형태로 구성해 보고자 하고, 생각을 바꿔 다양한 방식으로 실험하기도 하면서 창의적으로 문제해결하는 역량을 발달시켜 나간다.

자연영역

자연은 유아가 살고 있는 물리적 세계와 그 안에 존재하는 모든 생물과 무생물을 의미한다. 무엇보다도 자연의 근본인 물, 흙, 빛 등이 있어 생명이 태어나고 삶의 터전이 된다는 점에서 자연이 갖는 의미는 매우 크다(중앙대학교부속유치원, 2014). 유아가 한 돌이 지나면서 처음으로 두발로 밖(실외)에 나왔을 때, 엄마나 교사가 해준 인사(하늘아 안녕, 바람아 시원하게 불어서 고마워, 꽃들아 물줄게. 많이 먹어, 나뭇잎아 먼지 닦아줄게...)가 경이롭게 다가왔을 것이다. 그리고 교사가 유아와 손잡고 자연과 매일 인사하는 경험을 통해 유아는 자연을 사랑하고 존중하는 마음부터 형성하게 될 것이다. 자연을 사랑하고 존중하며 알고 싶어 하는 마음을 행동으로 나타낸 것이 자연탐구이다(중앙대학교부속유치원, 2014). 자연탐구는 유아의 흥미에서 시작하여 유아의 지적 호기심을 충족시키고, 기존의 지식을 문제 상황에 적용하고 추론하는 활동을 통해 수학적 · 과학적 기초능력을 의미 있게 확장해 갈 수 있도록 한다. 무엇보다 유아가 자연을 탐구하면서 인간과 자연의 공생적 관계와 상호영향력을 인식하는 것이 중요하다.

일상생활영역

유아에게 일상생활은 가장 친숙하고 실제적인 경험을 제공하는 장(場, field)이다. 유아는 아침에 눈을 뜨면서 밤에 잠들 때까지 주변 세계에서 일어나는 모든 일에 호기심과 궁금증을 가진다. 일찍이 듀이(Dewey)가 "유아의 호기심은 항상 일상생활에 향해있다"고 말하고, 교육의 핵심을 생활 속에서 일어나는 경험의 성장에 두었다. 몬테소리(Montessori) 역시 교육 내용에 일상생활영역을 선정하여 일상생활에 필요한 다양한 기술을 연습하도록 하였다. 특히, 21세기 어린이를 디지털키즈라고 명명한 이시도 나나코(2016)는 아이를 둘러싼 배움의 환경-일상생활이 변하고 있다고 지적하면서, 미래교실은 상상력과 창조력이 깨어나는 배움터가 되어야 한다고 하였다.

유아는 유치원(어린이집) 실내외 공간을 오가며, 등원에서 하원까지 시간을 보내면서 다양하고 풍부한 경험을 하게 된다.

예를 들어, 등원시간보다 일찍 등원하면서 아직 닫혀있는 교문의 빗장을 어떻게 열까? 교문에서 교실 현관 입구까지 잔디밭에 놓여있는 징검다리를 어떻게 실수 없이 건너갈까? 단 하나밖에 없는 배 그네를 친구들이 골고루 타기 위해 어떤 규칙을 만들까? 급식판을 흘리지 않고 안정되게 가져올까? 교실 4면이 유리로 되어 있어 햇빛에 눈이 부신데 커튼을 칠까, 그림을 붙여 놓을까? 아기 인형을 목욕시켜 줄까? 공주인형에게 어떤 옷을 그려 입히면 어울릴까? 미세먼지가 뿌옇게 묻어있는 큰 나뭇잎을 매일 수건으로 닦아주면 나무가 건강해질까? 낮잠 잘 때 친구와 장난치지 않고 잘 자려면 어떻게 눕는 것이 좋을까? 등등.

일상생활 경험은 공동체 구성원으로서 약속한 생활 방식이나 규칙을 잘 익히고 습관화하는 것이 중요하다. 그러나 더 중요한 것은 교실 환경을 바꿔 본다든지, 새로운 놀이규칙을 만들어 지킨다든지 등 기존의 방식을 새로운 시각으로 전환하여 변형해 보는 경험을 해보는 일이다. 무엇보다 변형하는 경험은 편견이나 고정관념에서 벗어나 생각의 차이, 다양성을 수용하여 새로운 문화를 창출해 내는 시도를 하게 된다는 점에서 중요하다.

3) 놀이경험의 과정

유아의 삶의 세계에서 만나는 대상들과의 상호작용은 주로 놀이로 이루어진다. 본 프로그램에서는 공감적이고 창의적인 유아로 성장하는데, 발달적으로 적합한 창의융합놀이 유형을 3가지로 선택하여 제시하고자 한다. 즉, 상상놀이, 메이커 놀이, 미디어를 활용한 융합놀이의 3가지이다. 본 프로그램에서 편의상 상상놀이는 3세를 중심으로, 메이커 놀이는 4세를 중심으로, 미디어를 활용한 융합놀이는 5세를 중심으로 기획하고자 한다. 3가지 유형의 놀이는 유아가 만난 놀이 상황에서 자발적으로 관심을 갖고, 알아보며, 활동하고, 평가하고, 보완하고, 공유하면서, 놀이경험의 의미를 찾아가는 과정으로 이루어진다.

교사는 유아가 자발적으로 놀이에 참여하여, 상상한 것을 즐겁게 표현하고, 생각을 확장하고, 새로운 것을 만들어 가며, 정서적 공감과 정신적 만족감을 형성하도록 돕는다.

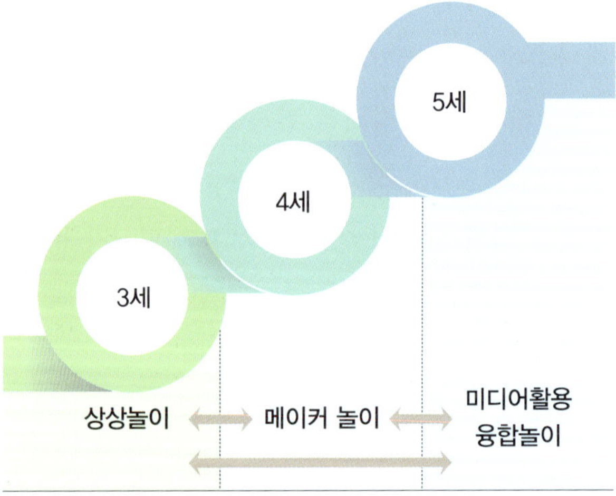

| 그림 2-3 | 연령별 창의융합놀이 유형의 연계 및 확장

| 그림 2-3 |에서와 같이 3세(상상놀이)–4세(메이커 놀이)–5세(미디어활용 융합놀이)로 연령별 놀이유형을 구분하였지만, 연령간 놀이를 점선으로 표시함으로써 상상놀이를 기반으로한 메이커 놀이, 상상과 메이커를 기반으로 한 미디어활용 융합놀이이며, 이들 3가지 놀이유형은 상호 연계, 확장해 나가고 있음을 보여준다.

이제 연령별로 창의융합놀이 유형과 교사의 역할에 대하여 구체적으로 소개하기로 한다.

3세의 상상놀이와 교사역할

상상놀이란, 놀이 상황에서 현실의 사물, 역할, 상황 등의 가작화 요소를 이용하여 놀이하는 것을 의미한다.

3세는 상상놀이가 활발히 나타나는 시기로 발달특성상 협동적 상상놀이보다는 개인적 상상놀이를 더 많이 한다.

유아들의 상상은 시간과 장소의 제약 없이 늘 나타난다. 때로는 교사가 의도하지 않은 상황에서 더욱 활발하고 즐겁게 상상놀이가 전개될 수도 있다.

상상놀이를 지원하기 위해 교사는 다음과 같은 역할을 하도록 한다.

첫째, 일상생활 속 사물을 보고 다양한 연상을 할 수 있도록 격려한다. "마치 ○○인 것처럼 보이는구나.", "정말? 그 모양인 것 같네!" 등 실재하는 사물에 상징적 의미가 사용되거나 또 다른 의미로 대체하여 생각해 보도록 하는 기회를 제공한다.

둘째, 놀잇감과 사물들을 다양한 방법으로 변형하고 활용해 볼 수 있도록 격려한다. "그렇게도 할 수 있구나!", "새로운 방법이네!"와 같이 사물의 원래 기능 이외에 새로운 관점에서 바라보고 다양한 생각을 하는 것 자체가 즐거운 것임을 발견하도록 돕는다.

셋째, 모방하기를 통해 사물의 특성을 다양하게 인식하고 표현하는 기회를 제공한다. "마치 ○○이 된 것 같구나.", "~처럼 표현하는구나!" 등의 말을 통해 유아가 어떤 것이든 모방할 수 있고, 모방은 상상을 통해 더욱 확장될 수 있다는 것을 인식하도록 한다. 이때 친구의 표현을 모방하는 것도 얼마든지 허용하여 새로운 상상에 대한 부담을 줄이도록 한다.

넷째, 교사 스스로 상상하기를 즐기고 다양한 표현을 존중하는 모습을 보여준다. 상상하기는 그 자체가 재미있다는 점, 서로의 다양한 표현과 생각은 존중해야 한다는 점 등은 교사의 언어와 태도를 통해 유아에게 그대로 전달된다. "정말 재미있는 생각이다~!", "우리 모두 똑같은 상상을 했네?", "좋은 생각인데? 그것으로 ~게 하면 정말 재미있겠다!" 등의 말과 함께 진심으로 공감하고 유아의 생각과 표현에 함께 기뻐하고 격려해주는 교사의 태도가 유아의 상상놀이 지원에 큰 영향을 미친다는 점을 기억하도록 한다.

3세 유아들은 놀잇감, 자연물, 일상생활용품 등을 보면서 자유롭게 상상해 보고, 개인적 상상경험을 친구들과 공유하여 확장하는 등 즐겁고 의미있는 경험을 하게 될 것이다.

4세의 메이커 놀이와 교사역할

메이커(MAKER)란, 다양한 도구를 사용하여 창의적으로 만들기를 함으로써 자신의 아이디어를 실현하고, 만들어진 결과물과 관련된 지식 또는 경험을 공유하는 사람이다. 미래 사회를 살아갈 유아들이 빠르게 변화하는 환경에 대처하고 융합적 사고에 기반하여 주체적으로 문제를 해결하기 위해서는 메이커로서의 역량을 갖추어야 한다.

4세는 상상력과 자기주도성을 발휘하는 시기이며, 이는 창작 활동의 원동력이 된다. '뭘하고 놀까?'라는 유아의 고민은 능동적 탐구의 시작이 되며, '왜 그러지?'라고 끊임없이 질문하며 유아는 스스로 사고의 폭을 넓혀간다.

메이커 놀이를 지원하는 교사는 유아와의 상호작용에 있어서 다음과 같은 역할을 하도록 한다.

첫째, 일상생활에서 경험하는 것들을 새롭게 바라볼 수 있는 발문을 한다. '꼭 그렇게 해야 할까?', '더 나은(혹은 재미있는) 방법은 없을까?'와 같은 생각을 습관적으로 떠올려, 다양한 문제해결거리를 발견하도록 돕는다.

둘째, 원한다면 뭐든지 만들어 볼 수 있다는 자신감을 향상시키도록 한다. 이를 위하여 "지금 해보자.", "다시 해보자.", "될 때까지 해보자."와 같은 언어적 지지가 필요하며, 언제든지 놀이영역의 경계를 허물고 자유롭게 만들며 궁금증을 해결하도록 한다.

셋째, 협력의 가치를 인정하는 말, 즉 "다른 친구들의 생각도 궁금하네.", "함께 해결하니까 좋구나.", "우리 덕분에 많은 사람들이 좋아졌어." 등의 말을 자주 한다. 또한 공유 문화를 지속적으로 경험할 수 있도록 놀이를 안내한다.

넷째, 손으로 만드는 것 외에 컴퓨터 및 주변 장치, 각종 모형 제작 등 다양한 방법을 활용해 보도록 한다. 단, 유아가 다루기에 도구 사용이 지나치게 복잡하여 오히려 사고의 흐름을 방해하지는 않는지 주의를 기울이도록 한다.

4세 유아들은 주변의 대상, 사물 등 환경적 특성에 대한 민감도를 높이고, 관찰을 통해 문제를 발견하고, 문제를 해결하기 위한 아이디어를 떠올리며, 아이디어를 실현시키기 위한 절차적 사고와 융합적 사고를 경험하게 될 것이다. 또, 친구들과 협력하는 과정 속에서 즐거움을 느끼고 아이디어를 공유하며, 개선하기 위해 연습하고 반복해 보는 경험을 하게 될 것이다.

5세의 미디어활용 융합놀이와 교사역할

미디어활용 융합놀이는 또래 유아와의 놀이 과정에서 발현되는 자발적 흥미와 상상 활동을 기반으로 미디어를 활용하여 창의융합적으로 사고하도록 확장하는 놀이를 말한다.

5세는 공동체적 의식이 커져 "○○야, 너도 같이 하자. 우리 해보자."라고 제안하고 "~게도 해보면 어떨까? ~수도 있잖아."라며 창의적으로 문제를 해결하고자 하는 시도를 즐기는 시기이다. 이러한 발달적 특징을 고려하여 5세 미디어활용 융합놀이에서 교사는 다음과 같은 역할을 하도록 한다.

첫째, 유아들의 자유놀이 상황에서 미디어를 활용하여 놀이를 확장시킬 수 있는 시점을 제때 포착하여 상호작용을 시도한다.

둘째, 놀이에 어울리는 미디어 기기와 애플리케이션을 유아들에게 소개한다. 이를 위해 교사는 유아수준에서 다루기 적합한 미디어 기기나 애플리케이션에 대한 정보를 사전에 검색한다.

셋째, 5세는 자신들의 결과물을 또래나 동생반에게 보여주길 좋아하므로 이를 사고확장의 동기유발 기회로 활용한다.

넷째, 유아주도의 놀이가 되도록 언어적 상호작용 시 교사주도적(일방적) 어휘 사용은 삼가도록 한다. 예를 들면, "~~해! 선생님하고 ~~게 해볼 거야. 선생님은 이렇게 생각해왔단다. 선생님이 해줄게." 등의 어휘를 사용하지 않도록 유의한다.

다섯째, 유아들이 스스로 문제를 해결하도록 기다려준다.

5세 유아들은 그동안 놀이하면서 경험한 지식과 기술들을 또래유아들과 공유하고 활용하여 복합적인 문제까지도 해결해 나가는 융합적 소양을 기르게 될 것이다. 특히 일상생활에서 접하게 되는 디지털 기기들(컴퓨터, 3D컴퓨터, 카메라, 휴대폰 등)의 기능에 높은 관심을 갖고, 이들을 사용하여 상상한 것을 창의적으로 표현하고자하는 시도를 할 것이다.

3~5세 유아들이 즐겨하는 창의융합놀이(상상놀이, 메이커 놀이, 미디어활용 융합놀이)는 | 그림 2-4 |와 같은 창의융합사고 단계를 거친다.

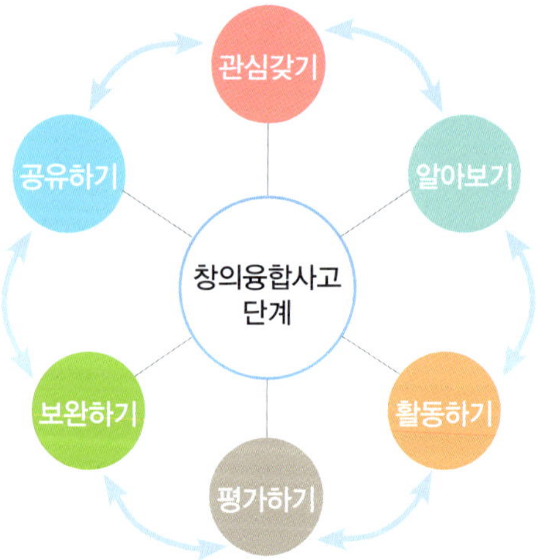

| 그림 2-4 | **창의융합사고 단계**

창의융합사고의 과정은 관심갖기-알아보기-활동하기-평가하기-보완하기-공유하기의 6단계를 거친다.

이 6단계는 반드시 관심갖기를 시작으로 하여 순서대로 이행되는 것은 아니다. 예를 들어, 관심갖기-알아보기-더 관심갖기-활동하기-평가하기-보완하기-공유하기로 이어질 수도 있으며, 3세 상상놀이 과정에서는 관심갖기-알아보기-활동하기-평가하기로 끝날 수도 있다. 또는 관심갖기-활동하기-공유하기로 건너뛸 수도 있다. 어떤 놀이 상황에 관심을 갖게 되었는가에 따라 창의융합사고의 과정은 다양하게 단계를 밟아 나간다.

관심갖기 우연히 또는 자발적으로, 호기심이 발동하여, 또래들이 하는 것을 보고, … 등의 동기로 놀이 상황에 관심을 갖게 되는 것이다.

알아보기 관심있는 놀이 상황에 관련된 지식이나 정보들을 알아보려는 것이다. 관찰과 탐구를 통해 정보를 수집한다.

활동하기 놀이 상황과 관련하여 알게된 정보나 상상한 것을 바탕으로 그림, 만들기, 미디어활용하여 구성하기 등으로 표현하는 것이다. 개별 활동인 경우, 구상하여 설계하기, 작품으로 표현하기 등이 이루어지며, 소집단 활동인 경우, 설계하기, 역할분담하기, 작품으로 표현하기 등의 활동이 이루어지기도 한다.

평가하기 개인 작품이든, 소집단 작품이든 또래 상호 간에 작품을 보고 느낀 점과 다르게 표현하고 싶은 점, 수정 · 보완할 점 등을 이야기 나누는 것이다. 이때 작품을 표현한 유아는 자신의 입장을 먼저 발표할 수 있다.

보완하기 작품에 대한 평가를 경청하고 수정할 사항을 수용한다면, 그에 따라 작품에 대해 보완하는 것이다. 이때 보완을 하지 않을 수도 있다.

공유하기 유아들은 서로의 작품에 공감하고, 창의적으로 다양하게 표현한 친구들의 작품을 수용함으로써 자신의 생각을 확장하고 새로운 가치를 창출하게 되는 것이다.

PART 02

유아창의융합놀이 프로그램의 실제

CHAPTER 01
상상놀이를 통한 3세 창의융합 프로그램

CHAPTER 02
메이커 놀이를 통한 4세 창의융합 프로그램

CHAPTER 03
미디어활용 융합놀이를 통한 5세 창의융합 프로그램

CHAPTER 01

상상놀이를 통한 3세 창의융합 프로그램

| 3세 유아를 위한 창의융합 프로그램 |

프로그램의 목표

유아가 일상의 경험 속에서 즐겁게 상상하고 상상한 내용을 자발적으로 표현 · 공유하는 과정을 통하여 창의적이고 공감적인 사고 역량을 기른다.

■ 프로그램 운영 전략

첫째, 일상적 놀이와 활동 속에서 상상하기를 즐기도록 격려하기
둘째, 유아가 자신의 관심 대상에 대해 충분히 탐색할 수 있는 시간적 여유 제공하기
셋째, 유아의 자유로운 상상 및 상상에 대한 언어적 표현을 수용하고 격려하기
넷째, 유아의 상상을 다양한 놀이와 활동으로 표상할 수 있는 기회 제공하기
다섯째, 친구들과 놀이경험을 공유하고 서로 다름을 경험하도록 하기
여섯째, 유아의 새로운 시도, 자발적인 참여, 문제해결을 위한 노력 등에 적극적으로 칭찬하기

■ 프로그램 목록

유아 주도 놀이		창의융합 사고의 단계					
		관심 갖기	알아 보기	활동 하기	평가 하기	보완 하기	공유 하기
1. 그림자 놀이	1-1. 나는 큰 그림자를 만들 수 있어!						
	1-2. 도깨비 그림자를 만들어 볼래						
	1-3. 그림자로 이야기를 만들어 봐야지						
2. 볼링 놀이	2-1. 나는 블록을 맞힐 수 있어!						
	2-2. 볼링 경기를 알아볼래						
	2-3. 10개의 볼링 핀을 맞혀 봐야지!						
3. 하늘에서 놀기	3-1. 하늘에는 여러 모양의 구름이 있어!						
	3-2. 여러 가지 방법으로 하늘을 감상할래						
	3-3. 하늘에서 놀아봐야지!						
4. 상상하면 재밌어	4-1. 거꾸로방에서 놀아볼래!						
	4-2. 새로운 세상에서 이런 놀이를!						
	4-3. 커지는 물약! 작아지는 물약!						
5. 재미있는 장면 찾기	5-1. 찾았다! 재미있는 모양!						
	5-2. 여기에도 친구가 있었네!						
	5-3. 재미를 사냥하는 사냥꾼!						

1. 그림자 놀이

바 깥놀이터 한 켠에서 유아들이 그림자를 만들고 있다.

"이거 봐라~ 괴물이다!!"
"나도 나도! 크엑~ 공룡이다! 티라노사우르스렉스"
"나는 더 큰 공룡!"

"이렇게 하면 엄청 큰 도깨비!"
"도깨비는 뿔 있어야지!"
"이걸로 뿔 해."(나뭇가지를 건넨다.)
"잘 안 보여."
나뭇가지를 머리에 대어 보다가 이내 던져놓는다.

"도깨비가 될 것 같았는데? 어떻게 하면 좋을까?"

유아들은 ……

관찰 1

지면에 비추어지는 그림자는 사물의 모양 및 크기와 관련 있음을 인식하고 그림자 만들기에 관심을 보이고 있다.

관찰 2

뿔이 달린 도깨비를 만들기 위해 뿔 모양과 비슷한 사물을 활용해서 그림자 만들기를 시도해 보았지만 생각대로 그림자가 만들어지지 않았다.

⬇⬇⬇⬇

유아 주도 놀이	창의융합 사고의 단계					
	관심 갖기	알아 보기	활동 하기	평가 하기	보완 하기	공유 하기
1-1. 나는 큰 그림자를 만들 수 있어!						
1-2. 도깨비 그림자를 만들어 볼래						
1-3. 그림자로 이야기를 만들어 봐야지						

1. 그림자 놀이

1-1. 나는 큰 그림자를 만들 수 있어!

"괴물 그림자 만들어 볼래!"
"팔 움직이니까 (그림자가) 괴물처럼 보이지?"
"공룡! 티라노사우르스!"

- 어? 그림자놀이 하고 있구나!
- 우리가 움직이는 대로 그림자가 보이네!

관심갖기

"큰 그림자를 만들어 볼래!"
"나는 더 큰 그림자!"
"(팔을 벌려 휘두르며) 이렇게 하면 크죠?"
"(공룡 흉내를 내며) "티라노사우르스가 엄청 큰 거예요."
"큰 걸로 변신하면 그림자도 커져요."

관심갖기

활동하기

- 큰 그림자를 만들어 보고 싶구나.
- 어떻게 하면 더 큰 그림자를 만들 수 있을까?

"몸을 크게 크게 하니까 그림자가 커진다."
"(두 손을 모았다가 떼어 보며) 원래 이렇게 하면 작았다가 점점 커지지?"
"(주먹을 쥐었다가 펴 보며) 커졌다! 작아졌다!"

- 정말 그림자가 크게 보이네.
- 몸을 크게 만드니까 그림자도 커지는구나.

놀이경험의 의미

- 그림자는 사물의 모양이나 움직임에 따라 달라진다는 것을 안다.
- 신체를 움직여 원하는 모양과 크기의 그림자를 만들 수 있다.
- 다른 사람의 생각과 표현을 존중한다.

누리과정 관련 내용

- 자연탐구 〉 탐구과정 즐기기 〉 궁금한 것을 탐구하는 과정에 즐겁게 참여한다.
- 신체운동 · 건강 〉 신체활동 즐기기 〉 신체를 인식하고 움직인다.
- 사회관계 〉 더불어 생활하기 〉 서로 다른 감정, 생각, 행동을 존중한다.

4, 5세와의 연계

- 4, 5세 유아들과 활동하는 경우 빛의 위치에 따른 그림자의 변화를 탐색하도록 도움을 줄 수 있다.

1. 그림자 놀이

1-2. 도깨비 그림자를 만들어 볼래

알아보기

"이걸로 도깨비 뿔 할까? 뾰쪽한 거."
"(나뭇가지를 머리 위에 올려보며) 도깨비 뿔이다!"
"에에? 잘 안 보이네!"
"(나뭇가지를 머리의 이곳 저곳에 대어보며) 보인다! 여기에 대야 뿔이 보이네!"

• 뿔 그림자를 만들었구나. 조금 전에는 잘 안보이던데? 어떻게 한 거야?

"뒤에다 대면 안보여요."
"머리 위에나 옆에 놓아야 뿔처럼 보여요. 얼굴에 놓아도 안 보여요."
"이거 너무 작아서 잘 안보여요 진짜 뿔처럼 된 거로 해야 돼요."
"만들면 되지! 뿔 모양으로!"

• 뿔처럼 보이려면 나뭇가지를 아무 곳에 놓으면 안 되는 것이었구나!
• 뿔 모양을 만들면 그림자도 그렇게 보이니?
• 도깨비 뿔 모양은 무엇으로 만들지?

"종이 뾰쪽하게 잘라서 붙여요."
"도깨비 뿔 머리띠 우리 집에 있는데? 머리띠에 붙이면 되는데."

• 그러면 종이로 도깨비 뿔을 만들어 보면 어떨까? 머리띠는 선생님이 준비해 줄게.

활동하기

"난 커다란 뿔을 그릴래요."
"빨간색으로 뿔을 그릴 거예요."

- 뿔 모양이 완성되었구나. 뿔 모양대로 오리는 것을 선생님이 도와줄게.
- 선생님과 함께 머리띠에 뿔을 붙여볼까?

공유하기

- 드디어 도깨비 뿔이 완성되었네. 이 뿔을 이용하면 도깨비 그림자를 만들 수 있겠구나.
- 내가 만든 도깨비 그림자와 친구가 만든 도깨비 그림자는 어떤 모습일까?

"도깨비 그림자다! 이상한 도깨비 그림자."
"빨간색 뿔도 다 검정색 그림자가 되었어요."
"도깨비들끼리 춤추는 것 같아요!."
"뿔을 위로 올리면 더 잘 보여!"

놀이자료

- 도화지, 크레파스, 매직, 가위, 풀, 머리띠

놀이경험의 의미

- 그림자는 사물의 모양과 관련 있다는 것을 안다.
- 사물의 위치, 빛의 방향 등에 따라 그림자의 모양이 달라짐을 이해한다.
- 그림자를 이용하여 창의적으로 도깨비를 표현해 본다.

누리과정 관련 내용

- 자연탐구 〉 생활 속에서 탐구하기 〉 물체의 위치와 방향, 모양을 알고 구별한다.
- 예술경험 〉 창의적으로 표현하기 〉 신체나 도구를 활용하여 움직임과 춤으로 자유롭게 표현한다.

1. 그림자 놀이

1-3. 그림자로 이야기를 만들어 봐야지

알아보기

"와, 상어 그림자가 생겼다."
"(플래시를 왔다갔다 움직이며) 상어(그림자)가 움직여."
"어? 교실 천정에 그림자가 생겼다!."

- 어떻게 그림자가 움직일 수 있었니?
- 교실 천정에 그림자를 비추려면 플래시를 어느 곳에서 비추었었니?

활동하기

"상어가 헤엄쳐요."
"불가사리가 상어를 보고 깜짝 놀랐어요."
"어디 숨지? 바닥에 숨어야겠다! 하고 불가사리가 말했어요."
"상어는 불가사리를 못보고 다른 곳으로 가버렸어요."

활동하기

- 그림자 놀이를 하니 재미있는 이야기가 생각나는구나. 또 어떤 이야기를 지어볼 수 있을까?
- 우리가 만든 그림자 이야기 장면은 사진으로 찍어 놓을게. 친구들에게도 이야기를 들려주자.

놀이자료

- 플래시, 상어 모양 종이

놀이경험의 의미

- 플래시를 비추는 위치와 그림자 방향의 관계에 관심을 갖는다.
- 그림자를 활용하여 다양한 이야기를 만들 수 있다.
- 같은 그림자를 보더라도 사람마다 생각이 다양하다는 것을 이해한다.

누리과정 관련 내용

- 자연탐구 〉 탐구과정 즐기기 〉 궁금한 것을 탐구하는 과정에 즐겁게 참여한다.
- 의사소통 〉 책과 이야기 즐기기 〉 말놀이와 이야기 짓기를 즐긴다.
- 자연탐구 〉 탐구과정 즐기기 〉 탐구과정에서 서로 다른 생각에 관심을 가진다.

4, 5세와의 연계

- 4세의 경우 그림자 장면을 사진으로 찍고 교사가 그 내용을 작성하여 그림책으로 만들어 줄 수 있다.
- 5세의 경우 그림자 장면 사진을 이용하여 유아가 개별적으로 이야기를 지어볼 수 있다.

2. 볼링 놀이

(쌀) 기놀이영역에서 유아들이 블록 맞히기 놀이를 하고 있다.

"스트라이크!!"
"그게 뭐야? 스트라이크?"
"이거 맞히면 스트라이크! 하는 거야."

"나도 할래! (스펀지 주사위를 종이 블록에 던지며) 스트라이크!"
"난 많이 맞힐래! 10개!"
"에~ 이걸 어떻게 다 맞혀!"
"볼링으로 하면 돼!"

유아들은 ……

관찰 1
세워진 종이 블록에 스펀지 주사위를 던져 맞히는 것에 관심을 보이고 있다.

관찰 2
유아들은 볼링 경기를 연상하며 동시에 여러 개의 블록을 맞히는 방법을 모색하고 있다.

⬇⬇⬇⬇

유아 주도 놀이	창의융합 사고의 단계					
	관심 갖기	알아 보기	활동 하기	평가 하기	보완 하기	공유 하기
2-1. 나는 블록을 맞힐 수 있어!						
2-2. 볼링 경기를 알아볼래						
2-3. 10개의 볼링 핀을 맞혀 봐야지!						

2. 볼링 놀이

2-1. 나는 블록을 맞힐 수 있어!

관심갖기

"스트라이크! 또 맞힐래!"
"스트라이크! 스트라이크!"
"아, 아깝다!"

- 무슨 놀이를 하고 있니?
- 스트라이크?

"맞히면 스트라이크예요!"
"난 한 번에 두 개 맞혔어! 스트라이크, 스트라이크!"
"나도 더 많이 맞혀 볼래."

알아보기

- 어떻게 한 번에 블록을 여러 개 맞힐 수 있을까?

"스트라이크하려면 세게 던져야 해요."
"너무 세게 던지면 안 맞아요."
"가운데로 던지면 똑같이 블록이 쓰러져요."
"도미노처럼 해봐요."

- 블록을 맞히려면 스펀지 주사위를 얼마나 세게 던질 것인지도 생각해 보아야 하는구나.

활동하기

"내가 맞췄다! 스트라이크!"
"주사위를 밀어서 맞힐 수 있어요."
"볼링같아요."
"볼링은 공으로 하는 건데?"

- 주사위를 약간 위로 던지니 블록이 잘 맞았네. 또 어떻게 해야 블록을 잘 맞힐 수 있을까?
- 정말, 주사위를 던지는 모습이 볼링을 하는 것 같구나.

놀이자료

- 종이블록, 스펀지 주사위

놀이경험의 의미

- 블록의 위치에 스펀지 주사위를 던져 쓰러뜨릴 수 있다.
- 방향, 속도, 거리 등을 고려하여 목표 지점으로 물건을 던져 본다.
- 다양한 방법으로 블록을 쓰러뜨려 본다.

누리과정 관련 내용

- 신체운동 · 건강 〉 신체활동 즐기기 〉 신체를 인식하고 움직인다.
- 신체운동 · 건강 〉 신체활동 즐기기 〉 실내외 신체활동에 자발적으로 참여한다.
- 자연탐구 〉 생활 속에서 탐구하기 〉 물체의 특성과 변화를 여러 가지 방법으로 탐색한다.

4, 5세와의 연계

- 4, 5세 유아들과 활동하는 경우 힘의 세기, 던지는 위치, 굴리는 방법 등을 각각의 변인으로 두고 비교하며 실험해 볼 수 있다.

2. 볼링 놀이

2-2. 볼링 경기를 알아볼래

알아보기

"공을 던져서 맞혀야 해요."
"쓰러지는 것이 있어야 해요. 많이!"
"(볼링 장면 사진을 보며) 다리를 뒤로 벌리고 공을 던져요."

- 볼링은 공을 던져서 볼링 핀을 쓰러뜨리는 것이구나.
- 그런데 우리가 공을 던지는 모습과는 조금 다른데?
- 볼링 핀 10개를 모두 쓰러뜨렸을 때 '스트라이크'라고 하는구나.

활동하기

- 우리가 알아본 방법으로 볼링을 해 볼까?

"볼링 핀을 많이 놓아야 해요. 10개."
"그럼 블록을 더 많이 세워요."
"멀리 떨어져서 던져요."
"두 개 맞았다!"

평가하기

"이 공(스펀지 주사위)말고 진짜 공으로 하면 좋겠어요."
"볼링 핀을 똑바로 놓아야 해요."
"살살 던져야 해요."
"블록 말고 작은 걸로 해요."

- 그럼 어떤 공을 이용하면 좋을까?
- 볼링 핀은 더 작은 물건으로 사용해 볼까? 교실에 있는 물건 중에 어떤 것이 좋을까?
- 우리가 이야기했던 것을 생각하면서 다시 한 번 볼링 놀이를 해 볼까?

놀이자료

- 볼링 장면 사진, 종이 블록, 스펀지 주사위, 탱탱볼

놀이경험의 의미

- 볼링의 특징과 놀이 방법에 관심을 갖는다.
- 볼링을 하기 위해서는 공과 볼링 핀이 필요하다는 것을 안다.
- 힘 · 속도 · 방향 등을 조절하여 공을 볼링핀이 있는 위치에 던져 본다.

누리과정 관련 내용

- 자연탐구 〉 탐구과정 즐기기 〉 궁금한 것을 탐구하는 과정에 즐겁게 참여한다.
- 자연탐구 〉 생활 속에서 탐구하기 〉 도구와 기계에 대해 관심을 가진다.
- 신체운동 · 건강 〉 신체활동 즐기기 〉 신체 움직임을 조절한다.

4, 5세와의 연계

- 4세 유아들과 활동할 경우 볼링 핀과 던지는 곳의 거리를 더 멀리 하고 힘의 세기와 공이 구르는 방향 등을 인식하도록 도울 수 있다.
- 5세의 경우 볼링 핀의 개수, 볼링 핀 놓는 위치 등을 자세히 살펴보고 점수를 누적하여 계산해 보도록 할 수 있다.

2. 볼링 놀이

2-3. 10개의 볼링 핀을 맞혀 봐야지

보완하기

"볼링 핀을 붙여서 놓아야 많이 쓰러져요."
"도미노처럼 놓아 봐요."
"볼링할 때처럼 세모 모양으로 놓아 봐요."
"주스통으로 볼링 핀처럼 놀아요."

- 우리가 생각한 대로 10개의 주스통 볼링 핀을 다시 놓아볼까?

활동하기

"4개 맞추었다!."
"우와! 나도 4개!"
"이번엔 세모 모양으로 놓고 던져 볼래요."
"가운데 하나 놓고 그 다음에 4개 놓고 그 다음에 다 놓아봐요."

- 직접 볼링 놀이를 해 보니까 어떤 방법으로 볼링 핀을 놓았을 때 잘 맞출 수 있었니?
- 누구의 생각이 볼링 놀이를 하기에 적절한 것 같았니?
- 친구가 놓아본 방법으로 우리도 다시 공을 던져 볼까?
- 주스통말고 또 어떤 것으로 놀아볼 수 있을까?

공유하기

- 볼링 핀을 어떻게 놓았을 때 볼링 핀이 가장 많이 쓰러졌니?
- 볼링 핀 모양을 그려서 친구들에게 알려 줄까?

"세모 모양으로 놓아봐."
"동그랗게 놓고 가운데 또 놓아봐."

놀이자료

- 탱탱볼, 미니 주스통 10개

놀이경험의 의미

- 볼링은 10개의 핀을 맞혀서 쓰러뜨리는 놀이임을 안다.
- 볼링공을 던졌을 때 볼링 핀의 위치에 따라 쓰러지는 개수가 다름을 이해한다.
- 다양한 재료와 방법으로 볼링놀이를 해본다.

누리과정 관련 내용

- 사회관계 〉 더불어 생활하기 〉 약속과 규칙의 필요성을 알고 지킨다.
- 자연탐구 〉 생활 속에서 탐구하기 〉 일상에서 길이, 무게 등의 속성을 비교한다.
- 신체운동 · 건강 〉 신체활동 즐기기 〉 기초적인 이동운동, 제자리 운동, 도구를 이용한 운동을 한다.

4, 5세와의 연계

- 4세의 경우 볼링 핀을 직접 디자인하고 제작해 볼 수 있다.
- 5세는 볼링 핀의 위치를 2~3가지 유형으로 달리하여 가장 잘 쓰러지는 볼링 핀 모양을 예측해 보고 그 결과를 비교해 보는 활동을 할 수 있다.

3. 하늘에서 놀기

(바) 깥놀이터에서 문득 하늘을 올려다본 유아들이 대화하고 있다.

"우와! 저거! 엄청 큰 구름이다!"
"볼록볼록 거품이다!"
"솜사탕 모양인데?"
"내가 다 먹을거야! 암~ 암!"

유아들은 ……

관찰 1

하늘의 다양한 구름 모양에 관심을 보이고 있다.

관찰 2

구름의 모양과 연상되는 사물 상상하기를 즐기고 있다.

↓↓↓↓

유아 주도 놀이	창의융합 사고의 단계					
	관심 갖기	알아 보기	활동 하기	평가 하기	보완 하기	공유 하기
3-1. 하늘에는 여러 모양의 구름이 있어!						
3-2. 여러 가지 방법으로 하늘을 감상할래						
3-3. 하늘에서 놀아봐야지!						

3. 하늘에서 놀기

3-1. 하늘에는 여러 모양의 구름이 있어!

관심갖기

"우와! 하늘에 구름이 많이 있다!"
"어? 저기! 구름이 실 같아!"

- 정말? 하늘에 구름이 많구나. 모양도 다양한데?
- 구름 모양이 정말 무엇인가를 닮은 것 같다.

활동하기

- 또 어떤 모양의 구름이 있나 살펴볼까?

"볼록볼록 거품이다! 목욕해야지~."
"어? 저기 솜사탕 모양인데?"
"(손을 뻗어 먹는 흉내를 내며) 내가 다 먹을거야!."
"나도 먹을래! 하하하."
"저기는 파도 같아요! 수영하자~"
"나는 파도를 다 먹어버려야지! 압~"

- 이야, 구름이 꼭 파도 같기도 하구나. 그 파도를 다 마신다고?
- 구름 모양을 잘 살펴보니 재미있는 생각이 드네.

공유하기	"솜사탕 구름 그려 볼래요!" "강아지 모양 구름을 그릴래요." "동그란 모양 구름이에요. 엄청 큰 구름!" • 우리가 발견한 재미있는 모양의 구름들을 그림으로 그려보고 싶구나. • 친구들은 어떤 재미있는 구름을 발견했을까? 함께 살펴볼까? • 똑같은 구름을 보았지만 서로 다른 재미있는 생각을 했구나!

놀이경험의 의미

- 하늘에 떠 있는 구름의 다양한 모양에 관심을 갖는다.
- 구름의 모양과 연관지어 다양한 사물을 상상할 수 있다.

누리과정 관련 내용

- 자연탐구 〉 탐구과정 즐기기 〉 주변 세계와 자연에 대해 지속적으로 호기심을 가진다.
- 예술경험 〉 예술 감상하기 〉 다양한 예술을 감상하며 상상하기를 즐긴다.

4, 5세와의 연계

- 4세의 경우 마음에 드는 구름을 사진으로 찍어 감상하고 연상되는 사물을 이어 그리도록 활동해 볼 수 있다.
- 5세의 경우 다양한 구름의 종류와 구름이 생기는 이유 등에 대해 깊이 있게 탐색해 보는 활동을 할 수 있다.

3. 하늘에서 놀기

3-2. 여러 가지 방법으로 하늘을 감상할래

알아보기

"누워서 하늘을 보면 잘 보일 것 같아요."
"돗자리에 누워 보자!"
"한참 보고 있으니까 구름이 움직여요."

- 하늘에는 재미있는 모양의 구름도 많고 색깔도 참 멋지구나.
- 누워서 하늘을 보니까 정말 구름이 잘 보이네.

활동하기

- 하늘을 감상하는 또 다른 방법은 무엇이 있을까?

"썬글라스를 써요."
"사진을 찍어놓고 계속 봐요."
"종이에 구멍으로 봐요."
"거울로 보면 좋겠어요."

- 우리가 생각한 방법대로 하늘을 감상해 볼까?
- 거울이 하늘을 담은 액자가 되었구나!

"(색안경을 들고) 구름이 노란색으로 보여!"
"구멍이 너무 작아서 안 보이네! 더 크게 해야겠다!"
"거울로 보니까 잘 보여요."
"사진으로 찍으니까 계속 볼 수 있어요."

평가하기

- 여러 가지 방법으로 하늘을 감상할 수 있었구나.
- 어떤 방법으로 감상한 것이 가장 좋았니?
- 친구가 감상했던 방법 중에서 해보고 싶은 것이 있었니?
- 사진으로 찍어 놓은 하늘은 친구들과 계속 볼 수 있겠구나.

놀이자료

- 셀로판지 색안경, 종이, 거울, 카메라

놀이경험의 의미

- 하늘을 감상하는 다양한 방법을 탐색해 본다.
- 여러 가지 방법으로 하늘을 감상하며 하늘의 아름다움을 느껴 본다.

누리과정 관련 내용

- 예술경험 〉 아름다움 찾아보기 〉 자연과 생활에서 아름다움을 느끼고 즐긴다.
- 예술경험 〉 예술 감상하기 〉 다양한 예술을 감상하며 상상하기를 즐긴다.

4, 5세와의 연계

- 본 활동은 하루에 한꺼번에 진행하기보다는 유아들이 생각한 도구 등을 준비할 수 있도록 시간적 여유를 두고 활동하는 것이 좋다.
- 4세 유아들과 활동할 경우 마음에 드는 하늘 장면을 사진으로 촬영하고 사진 전시회를 열어볼 수 있다.
- 5세의 경우 하늘, 구름과 관련된 동화를 감상하고 우리만의 하늘 이야기를 지어 동화책으로 제작해 볼 수 있다.

3. 하늘에서 놀기

3-3. 하늘에서 놀아봐야지

알아보기

"친구들이 찍은 하늘 사진이에요."
"구름 위에서 누워볼래요."
"발레하고 싶어요."
"구름 솜사탕 다 먹어볼래요."

- 우리 반 친구들이 하늘의 모습을 사진으로 찍었구나.
- 구름이 있는 사진을 살펴보니 어떤 생각이 드니?

활동하기

"우리가 하늘에서 노는 것 같아요."
"날아다니는 것 같아요."
"여기는 푹신푹신해요. 기분 좋아요."
"춤 추고 노는 모습이에요."

공유하기

• 만약에 우리가 하늘에서 놀이한다면 어떤 모습일까?
• 선생님이 우리반 친구들이 찍은 하늘 사진과 우리의 모습을 합쳐보았단다. 함께 감상해 볼까?
• 친구들은 하늘에서 무엇을 하는 것 같니?
• 나라면 이곳에서 또 무슨 놀이를 하고 싶니?

"친구들이랑 같이 숨바꼭질하고 싶어요."
"구름 속에 숨고 싶어요."

놀이자료
• 유아들이 촬영한 하늘 사진, 합성 사진(유아들의 모습과 하늘의 모습)

놀이경험의 의미
• 하늘에서 놀이하는 다양한 모습을 상상해 본다.
• 하늘의 아름다움을 다양한 방법으로 즐긴다.

누리과정 관련 내용
• 예술경험 〉 창의적으로 표현하기 〉 극놀이로 경험이나 이야기를 표현한다.
• 예술경험 〉 예술 감상하기 〉 다양한 예술을 감상하며 상상하기를 즐긴다.

4, 5세와의 연계
• 4세의 경우 구름 위에서 놀이하는 모습을 신체로도 표현해 본 후 원하는 하늘 장면을 선택하여 다양한 놀이 모습을 그림으로도 표현해 볼 수 있다.
• 5세는 하늘에서 놀이하고 싶은 생각을 신체, 언어, 미술 등 다양한 방법으로 표현하고 동시짓기로 연계할 수 있다.

4. 상상하면 재밌어

명화 '고흐의 방' 작품이 거꾸로 전시되어 있는 역할놀이영역에서 유아들이 놀이하고 있다.

"어? 여기는 거꾸로방이네!
"잠도 거꾸로 자는 거야!"
"의자랑 옷도 다 거꾸로야!"
"여기는 거꾸로 다녀야 해!"

유아들은 ……

관찰 1
거꾸로 보이는 명화 속 다양한 소품들에 관심을 보이고 있다.

관찰 2
위, 아래가 바뀐 상황에서 상상하기를 즐기고 있다.

⬇⬇⬇⬇

유아 주도 놀이	창의융합 사고의 단계					
	관심 갖기	알아 보기	활동 하기	평가 하기	보완 하기	공유 하기
4-1. 거꾸로방에서 놀아볼래!						
4-2. 새로운 세상에서 이런 놀이를!						
4-3. 커지는 물약! 작아지는 물약!						

4. 상상하면 재밌어

4-1. 거꾸로방에서 놀아볼래!

관심갖기

"침대에서 자자. 거꾸로 자야겠네!"
"여기는 다 거꾸로방이야."
"스파이더맨처럼 위로 다닌다고 할까?"

- 거꾸로방? 정말 모든 것이 다 거꾸로 보이는구나.
- 이곳에서 놀이한다면 어떻게 놀 수 있을까?

빈센트 반 고흐『고흐의 방』

활동하기

"나는 침대에 붙어서 잘래."
"나도 거꾸로 해서 팔로 걸어다닐래."
"창문으로 나갈 수 있겠다."

- 거꾸로방에서 놀이한다면 모든 것이 거꾸로 되겠구나.
- 만약에 거꾸로방에서 우리가 높이 점프하면 어떻게 될까?

평가하기

• 거꾸로방에서는 어떤 놀이를 할 수 있었니?
• 거꾸로방에서 놀이해 보았더니 어떤 것이 가장 즐거웠니?
• 친구들과 거꾸로방에서 또 놀이한다면 어떤 놀이를 하고 싶니?

"친구랑 숨바꼭질하고 싶어요!"
"침대에서 점프점프하고 싶어요!"

알아보기

• 우리가 놀이했던 거꾸로방을 살펴볼까?
• 거꾸로방의 가장 윗부분에는 무엇이 있니?
• 거꾸로방의 가장 아래에는 무엇이 있니?
• 액자는 어디에 있지?

"침대가 제일 위에 있어요!"
"맨 아래에 사진이 있어요!"
"침대 아래에 액자가 있어요."

• 이 그림을 다시 거꾸로 살펴볼까?
• 이제 침대는 어디에 있니?

"침대가 바닥에 있어요!"
"침대 위에 액자, 액자 위에 사진!!"
"아까는 창문이 아래에 있었는데 이제 젤 위에 있어요. 다 거꾸로 되었어요."

놀이자료

- 명화 '고흐의 방' 출력물

놀이경험의 의미

- 명화의 '위, 아래'를 바꾸어 색다르게 감상해 본다.
- 사물의 위치에 따라 '위', '아래'는 바뀔 수 있음을 안다.

누리과정 관련 내용

- 예술경험 〉 예술 감상하기 〉 다양한 예술을 감상하며 상상하기를 즐긴다.
- 자연탐구 〉 생활 속에서 탐구하기 〉 물체의 위치와 방향, 모양을 알고 구별한다.

4, 5세와의 연계

- 3세의 경우 명화를 감상하는 것 자체를 강조하기보다는 색다른 방법으로 명화를 즐기고 명화 속 사물의 위치에 관심을 가지고 이것을 활용하여 즐거운 상상을 할 수 있도록 격려하는 것이 좋다.
- 4세의 경우 명화 속 사물을 활용해서 위, 아래, 옆 등의 방향과 위치의 상대적인 개념을 안내해 볼 수 있으며 고흐의 방의 사물을 재구성하여 배치해 볼 수 있다.
- 5세의 경우 사물을 거꾸로 볼 수 있는 여러 가지 방법을 생각해 보고 거울을 활용하여 거꾸로 보이는 도구를 발명해 보는 활동으로 연계할 수 있다.

4. 상상하면 재밌어

4-2. 새로운 세상에서 이런 놀이를!

관심갖기

(눈 오는 모습이 비춰지는 역할놀이영역에서) "우와 눈 온다!"
"눈사람 만들자!"
"빨리 눈오면 좋겠다!"
"어? 바뀌었다! 별이다!"

- 정말? 눈이 많이 오네~ 눈이 많이 쌓이면 커다란 눈사람도 만들 수 있겠다.
- 별이 정말 많다! 별나라에 온 것 같은데?
- 새로운 곳으로 여행 온 것 같네! 이곳에서는 어떤 놀이를 할 수 있을까?

활동하기

- 이렇게 새로운 곳으로 여행을 가게 된다면 어떤 놀이를 할 수 있을까?

"별을 다 모아서 뿌려요."
"색깔 있는 곳으로만 올라갈 수 있어요. 다른 데는 수영해야 해요."

- 이곳은 어떤 세상이니?
- 이곳에서 놀이하는 모습을 사진으로 찍어 친구들에게 보여줄까?

공유하기	"별나라에 가면 별수영장에서 수영하고 놀 수 있어!" "찐득찐득 나라에 가면 강아지랑 들어가서 놀 수 있어." "폭신폭신 나라에 가면 구름 속에 숨어서 숨바꼭질 할 수 있어."

놀이자료

- 다양한 배경 장면(눈 오는 모습, 우주, 바닷속, 마블링 작품). 사진 합성 어플리케이션

놀이경험의 의미

- 장소에 따라 놀이하는 방법은 다양하다는 것을 안다.
- 내가 상상한 것을 친구들과 공유해 본다.

누리과정 관련 내용

- 자연탐구 〉 탐구과정 즐기기 〉 탐구과정에서 서로 다른 생각에 관심을 가진다.
- 의사소통 〉 듣기와 말하기 〉 자신의 경험, 느낌, 생각을 말한다.

4, 5세와의 연계

- 4세나 5세에서 본 활동을 하는 경우 다양한 배경 사진에 따라 놀이할 수 있는 방법을 다양하게 생각해 보고 그림으로 표현해 볼 수 있다.
- 5세는 4~5명의 친구들과 함께 놀이 장면을 생각해 보고 표상할 수 있으며, 사진 합성 어플리케이션을 활용하여 놀이하는 장면을 직접 촬영해 볼 수 있다.

4. 상상하면 재밌어

4-3. 커지는 물약! 작아지는 물약!

관심갖기

"('커지는 물약' 놀잇감을 보며) 이거 마시자!"
"우리가 엄청 커졌어!"
"하늘 높이높이 키가 커졌다!

- '커지는 물약'을 마셨다고? 그럼 어떻게 된건데?
- 만약 우리가 이렇게 커진다면 세상은 어떻게 보일까?
- 만약에 우리 몸이 그렇게 크다면 걸어다닐 때는 어떻게 다녀야 할까?

활동하기

- 만약 우리 몸이 커진다면, 혹은 작아진다면 어떤 일들이 생길까?
- 커지는 물약도 있고 작아지는 물약도 있네. 어떤 것을 선택해 볼까?

"개미처럼 작아졌어요."
"나무 위로 올라가야 하는데 너무 높아요."
"나는 키가 엄청 커요. 금방 지나갈 수 있어요! 한번에."
"무서운 괴물들 다 물리쳐요!"

- 커지는 물약을 마시고 나니 어떤 일들이 일어났니?
- 작아지는 물약을 마시고 나니 어떤 일이 일어났니?
- 우리가 놀이한 것을 재미있는 이야기로 만들어 볼까?

보완하기

"작아지는 물약을 마시고 우리 몸이 개미처럼 작아졌어요."
"그때 바람이 불어서 모르는 나라로 날아가버렸어요"
"어? 여기가 어디지? 했는데 갑자기 독수리가 나타났어요."
"도망가자! 소리치고 도망치는데 커지는 물약이 나왔어요."
"커지는 물약을 마시고 독수리보다 더 커졌어요."

평가하기

- 우리가 지은 이야기를 다시 한 번 들어볼까?
- 우리 몸이 커지는(작아지는) 상상을 해 보니 기분이 어때?
- 또 다른 이야기가 생각나면 어떻게 하면 좋을까?

놀이자료

- 물약 놀잇감(커지는 물약, 작아지는 물약)
- 숲속 배경 사진, 항공에서 도시를 내려다 본 사진

놀이경험의 의미

- 우리 몸의 크기에 따라 대상을 보는 관점이 달라진다는 것을 이해한다.
- 상상한 내용을 이야기로 만들어 본다.

누리과정 관련 내용

- 자연탐구 〉 생활 속에서 탐구하기 〉 물체의 특성과 변화를 여러 가지 방법으로 탐색한다.
- 의사소통 〉 책과 이야기 즐기기 〉 말놀이와 이야기 짓기를 즐긴다.

4, 5세와의 연계

- 4세의 경우 내가 커진다면, 혹은 내가 작아진다면 어떤 일이 생길지를 상상해 본 후 그 내용을 그림과 글로 표현하여 동화책으로 제작할 수 있다.
- 5세는 관점에 따라 대상이 다양하게 보임을 이해할 수 있는 영상자료나 사진자료를 활용해 감상해본다. 이후 내가 다른 사물이 되어 보이는 세상을 표상해 본다.

5. 재미있는 장면 찾기

산 책길에 발견한 하수도 뚜껑을 보며 이야기하고 있다.

"이건 큰 동그라미, 큰 동그라미 안에 작은 동그라미"
"동그라미 엄청 많다!"
"여기 동그라미는 밟으면 안 돼!"
"왜?"
"거북이잖아. 거북이 등 밟으면 안 돼."
"그럼 이 동그라미는 얼굴이야!"

유아들은 ……

관찰 1
생활 속에서 발견할 수 있는 모양에 관심을 보이고 있다.

관찰 2
사물을 보고 연상되는 다른 대상에 대해 상상하기를 즐기고 있다.

⬇⬇⬇⬇

유아 주도 놀이	창의융합 사고의 단계					
	관심 갖기	알아 보기	활동 하기	평가 하기	보완 하기	공유 하기
5-1. 찾았다! 재미있는 모양!						
5-2. 여기에도 친구가 있었네!						
5-3. 재미를 사냥하는 사냥꾼!						

5. 재미있는 장면 찾기

5-1. 찾았다! 재미있는 모양!

관심갖기

"(보도블록을 보며) 여긴 네모. 네모네모, 또 네모!"
"네모가 진짜 많다!"
"문에도 네모 있어!"
"지붕엔 동그라미!"
"동그라미가 바퀴 같아!"

- 어? 정말? 모양들이 숨어있었구나!
- 주변에 재미있는 모양들이 많이 있네?

활동하기

- 우리 주변에 숨어있는 모양들을 더 찾아볼까?
- 모양을 보니 또 무엇이 생각나니?

"저쪽에도 바퀴 있다!"
"(벽돌 담장을 보며) 이건 네모 네모 기차!"
"여기에 세모 모양 있어요. 뾰족하니까요."

- 우리가 찾은 모양들을 사진으로 찍어보면 어떨까?

공유하기

- 우리가 찾은 모양들이 이렇게 많이 있구나.

  "집에서 다이아몬드 찾았어요!"
  "구름이 하트 같아요!"
  "구름에 얼굴도 있어요!"

- 우리 주변에는 재미있는 모양들이 정말 많이 숨어있구나!

놀이자료
- 사진기

놀이경험의 의미
- 주변 사물의 모양에 관심을 갖는다.
- 각 사물에 따른 모양과 관련하여 상상놀이를 즐긴다.

누리과정 관련 내용
- 예술경험 〉 아름다움 찾아보기 〉 예술적 요소에 관심을 갖고 찾아본다.
- 예술경험 〉 예술 감상하기 〉 다양한 예술을 감상하며 상상하기를 즐긴다.

4, 5세와의 연계
- 4, 5세의 경우 기본 도형 이외에 사물이 가지고 있는 다양한 모양에 관심을 기울이도록 격려할 수 있으며 모양과 모양이 모여 또 다른 모양이 형성될 수 있음을 안내한다.

5. 재미있는 장면 찾기

5-2. 여기에도 친구가 있었네!

관심갖기

(구멍 뚫린 나뭇잎을 보며) 어? 얼굴처럼 생겼네."
"나뭇잎 사람."
"이건 우리 친구야."
"우리 친구 또 찾아보자."
"이 돌멩이도 동그란게 얼굴 같이 생겼어. 돌멩이도 친구야!"

- 나뭇잎 모양이 정말 얼굴을 닮았구나.
- 나뭇잎도 우리 친구가 될 수 있겠다!

활동하기

- 우리 주변에 우리를 닮은 친구들이 또 있을까?
- 우리와 친구가 될 수 있는 물건이 있다면 우리가 더 잘 알아볼 수 있도록 눈 모양을 사용해 보면 어떨까?

"자동차에도 얼굴이 생겼어요."
"자동차가 신나게 달려요!"
"하하하! 신발도 친구가 되었어요."

활동하기

- 이곳에서도 친구를 찾았구나.
- 새로 찾은 친구들은 무슨 생각을 하고 있을까?

"친구야, 나 깨끗하게 신어줘!"
"나를 찾아줘서 고마워, 나랑 같이 놀자!"
"나랑 똑같은 친구들 더 찾아줄래?"

평가하기

- 우리가 찾은 새로운 친구들을 소개해줄래?
- 새로운 친구를 찾아보니 느낌이 어떻니?

"친구를 찾아보는 것이 재미있어요."
"어디든지 친구들이 있어서 심심하지 않아요!"
"재미있는 친구들이 아주 많아요."

놀이자료
- 다양한 크기의 눈 스티커, 인형 눈

놀이경험의 의미
- 생활 속 사물의 모양에 따라 관련된 대상을 연상해 본다.
- 주변 사물을 이용한 다양한 상상을 친구들과 공유해 본다.

누리과정 관련 내용
- 예술경험 〉 아름다움 찾아보기 〉 자연과 생활에서 아름다움을 느끼고 즐긴다.
- 의사소통 〉 듣기와 말하기 〉 자신의 경험, 느낌, 생각을 말한다.

4, 5세와의 연계
- 4세나 5세에서 본 활동을 하는 경우 다양한 사물에 대한 이미지를 제공하고 연상되는 이미지를 그려 볼 수 있다.
- 5세는 스트리트 아트 활동으로 연계하여 주변의 사물 및 도형을 이용한 창의적인 표현을 격려할 수 있다.

5. 재미있는 장면 찾기

5-3. 재미를 사냥하는 사냥꾼!

"악어가 나온다!"
"동그란 데가 악어 집이라고 생각한 거예요."
"쓰레기통이 괴물 집이라고 생각했어요."
"벽에 있는 줄이 길이 되었어요."
"저걸 보고(하수도 뚜껑) (생선)가시를 그렸어요!"

알아보기

- 우리가 주변에서 친구를 찾았던 것처럼 주변의 물건이나 무늬를 보고 재미있는 장면을 찾아낸 사냥꾼이 있단다.
- 재미를 사냥하는 사냥꾼이 어떤 재미를 찾을까?
- 이 사진을 보니 어떤 느낌이 드니?
- 우리도 주변의 물건을 보면서 재미를 사냥해 보면 어떨까?

출처: http://www.oakoak.fr/street-art/on-the-road/

출처: http://www.oakoak.fr/street-art/animals/

활동하기

"줄 위로 새들이 앉아 있으면 재밌을 것 같아요."
"개미들이 줄줄이 줄 위를 지나가요."
"구멍이 생쥐네 집이에요."

- 정말 이곳에서 여러 가지 재미있는 장면을 칮있구나!

활동하기

- 우리가 찾은 재미있는 장면을 이용해서 재미있는 이야기도 만들어 볼 수 있겠네.

"개미들이 지나가고 있는데 새들이 날아왔어요."
"개미들이 도망가자고 했어요."
"그때 생쥐가 나타나서 새들이 깜짝 놀랐어요"

평가하기

- 우리가 지은 재미있는 이야기를 함께 들어볼까?
- 다른 친구들은 또 어떤 재미를 사냥했는지 들어볼까?

놀이자료

- 스트리트아트 사진 자료. 주변 사진(벽에 금이 간 장면 사진, 페인트 칠이 벗겨진 계단 장면 사진)
- 막대인형 자료(어린이, 개미, 새 등)

놀이경험의 의미

- 생활 속 사물의 모양에 따라 관련된 대상을 연상해 본다.
- 상상한 장면을 이용하여 이야기로 만들어 본다.

누리과정 관련 내용

- 예술경험 〉 아름다움 찾아보기 〉 자연과 생활에서 아름다움을 느끼고 즐긴다.
- 의사소통 〉 책과 이야기 즐기기 〉 말놀이와 이야기 짓기를 즐긴다.

4, 5세와의 연계

- 4, 5세의 경우 연상되는 이야기에 나오는 등장인물을 유아들이 직접 막대인형으로 제작하여 언어영역에서 놀이할 수 있다.
- 5세는 우리 교실이나 주변의 환경에 보이는 모양, 문양 등을 활용하여 벽화 꾸미기 등을 해 볼 수 있다.

CHAPTER 02

메이커 놀이를 통한 4세 창의융합 프로그램

| 4세 유아를 위한 창의융합 프로그램 |

프로그램의 목표

유아의 자발적 흥미를 융합적 사고과정으로 연결하는 과정을 통하여, 능동적으로 탐구하고 표현하며 협업하는 창의적 메이커로서의 역량을 기른다.

■ 프로그램 운영 전략

첫째, 유아가 주도적으로 선택하고 탐색할 수 있는 풍부한 몰입 환경 마련하기
둘째, 유아들의 자발적 사고과정을 따라가며 확장하기
셋째, 지식을 융합하도록 자극하기
넷째, 상상한 것을 직접 만들어 보며 다양한 문제해결을 경험하도록 하기
다섯째, 친구들과 결과물을 공유하고, 더 나은 방법을 찾아내는 과정을 경험하도록 하기
여섯째, 능동적 탐구를 돕는 다양한 도구와 디지털 기기 사용 안내하기

■ 프로그램 목록

유아 주도 놀이		창의융합 사고의 단계					
		관심 갖기	알아 보기	활동 하기	평가 하기	보완 하기	공유 하기
1. 사방치기 놀이	1-1. 나는 더 큰 숫자까지 갈 수 있어!						
	1-2. 또 다른 모양으로 그려볼래						
	1-3. 너무 길어지니까 숫자를 맞히기 어려워						
	1-4. 숫자를 잘 맞히는 돌을 찾아봐야지!						
2. 동물들의 소리내기	2-1. 동물들은 어떻게 소리를 낼까?						
	2-2. 녹음장치를 사용해 보자						
	2-3. 시끌벅적 동물농장						
3. 우리가 좋아하는 딸기 주스	3-1. 딸기 주스는 이렇게 만들어야 맛있어!						
	3-2. 우리가 좋아하는 딸기 주스는?						
	3-3. 딸기 주스를 나눠줄게						
4. 여러 가지 주사위 놀이	4-1. 재미있는 주사위 모양						
	4-2. 주사위는 공평할까?						
	4-3. 주사위 두 개를 던지면						
5. 이것과 저것을 연결하면	5-1. 내가 만든 재미있는 장난감						
	5-2. 더 튼튼하게 연결해 보자						
	5-3. 모두 연결하면 더 멋있어						

1. 사방치기 놀이

(바) 깥놀이 시간에 3~4명의 유아가 모여, 사방치기 놀이를 하고 있다.

"1부터 차례대로 해야 해!"
"나는 오늘 8까지 해볼 거야!"
"나는 더 큰 숫자까지 갈 수 있어!"
"나도. 난 100칸까지도 갈 수 있어."
"ㅇㅇ야! 그 칸에서는 한 발로 서야 해!"
"네모 칸? 세모 칸?"
"7이랑 8 위에 있는 데는 어디라고 할까?", "저기 구름 모양?"
"구름이 아니라, 하늘나라야."
"그런데 돌멩이가 자꾸자꾸 굴러가서 맞히기 어려워."
"내가 해볼게. 이쪽으로 살살 던져야지."
"좋은 돌을 찾아볼게!"
"이렇게 납작한 게 좋아. 그리고 무거워."

유아들은 ……

관찰 1

숫자를 세어 다음 목표 지점을 생각하고, 그려진 사방치기 칸의 모양을 탐색하고 있다.

관찰 2

돌멩이를 정확히 던지기 위해 힘의 방향을 조절하며, 목표물을 잘 맞힐 수 있는 돌멩이의 모양과 무게에 대해 이야기 나누고 있다.

⬇⬇⬇⬇

유아 주도 놀이	창의융합 사고의 단계					
	관심 갖기	알아 보기	활동 하기	평가 하기	보완 하기	공유 하기
1-1. 나는 더 큰 숫자까지 갈 수 있어!						
1-2. 또 다른 모양으로 그려볼래						
1-3. 너무 길어지니까 숫자를 맞히기 어려워						
1-4. 숫자를 잘 맞히는 돌을 찾아봐야지!						

1. 사방치기 놀이

1-1. 나는 더 큰 숫자까지 갈 수 있어!

관심갖기

"1부터 차례대로 해야 해!"
"나는 오늘 8까지 해볼 거야!"
"나는 더 큰 숫자까지 갈 수 있어!"
"나도 그래. 난 100칸까지도 갈 수 있어."

- 그러네. 더 큰 숫자가 있는 사방치기도 그릴 수 있겠네.
- 그러면 사방치기 칸을 더 이어서 그려볼까?

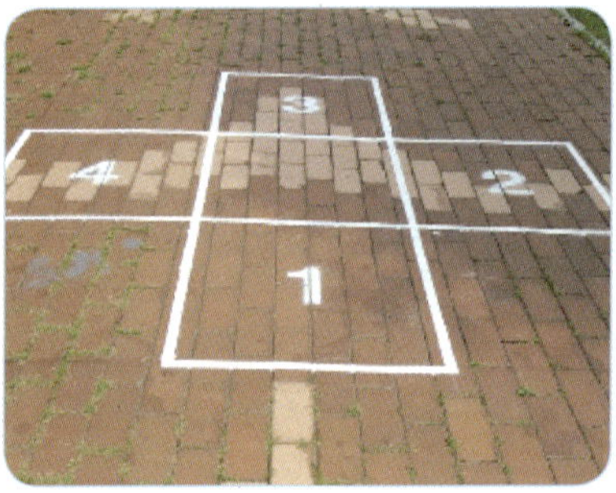

"8부터 이어져야 해요."
(바닥에 이어 그리며) "8 다음에 9, 9 다음에 10…"
"십 째 칸이 너무 작아."
"십 째 칸? 그게 뭐야?"
"여기 10이라고 쓰여 있잖아."
"더 길게 해서 100째 칸 만들자."
"그런데 나는 숫자 잘 못 쓰는데."

- 열 번째 칸, 백 번째 칸까지 그려보고 싶구나.
- 숫자를 보고 적을 수 있도록 도와줄게.

관심갖기	• 혹시 적다가 어려우면 선생님이 적는 것을 도와줄 수도 있어. "여기 구름 모양에도 이어서 그려보자." "어, 그리니까 사방치기 모양이 웃기다." "뿔이 난 것 같아." "그런데 너무 칸이 작아서 못 들어갈 것 같아." "지우고 더 크게 그려야 해." "나는 별모양도 만들고 싶은데." • 정말 모양이 재미있어지고 있네. • 그런데 다른 모양으로도 그려보고 싶구나. • 우리가 놀이하게 편하게 더 크게 그리고 싶기도 하고.

놀이자료
- 1부터 100까지의 숫자가 적혀 있는 숫자판, 분필

놀이경험의 의미
- 사방치기를 구성하고 있는 다양한 모양과 모양의 크기를 인식한다.
- 순서를 말할 때 사용하는 어휘에 관심을 가진다.
- 다른 사람의 생각을 존중한다.

누리과정 관련 내용
- 자연탐구 〉 생활 속에서 탐구하기 〉 물체의 위치와 방향, 모양을 알고 구별한다.
- 자연탐구 〉 생활 속에서 탐구하기 〉 물체를 세어 수량을 알아본다.
- 사회관계 〉 더불어 생활하기 〉 서로 다른 감정, 생각, 행동을 존중한다.

5세와의 연계
- 5세 유아와 함께 활동할 경우, 수를 세거나 적을 때 동생들에게 도움을 주도록 한다.

1. 사방치기 놀이

1-2. 또 다른 모양으로 그려볼래

알아보기

"모양판이 있으면 좋겠어요."
"그거 올려놓고 그리면 좋을텐데."
"모양자처럼."

- 여기 여러 가지 모양들이 있어. 어떤 모양이 필요하니?

"하트도 있고, 별 모양도 있어."
"나는 화살표가 좋아."
"이렇게 뾰족하게 생긴 모양은 서 있기 힘들 거야."
"그러면 달 모양도 좀 어렵다."
"크게 그리면 되지!"

- 뾰족한 모양도 있고, 둥근 모양도 있구나.
- 그러면 얼마만한 크기로 모양판을 만들면 놀이할 때 편할까?

알아보기

"우리 발보다는 커야 해요."
"우리 발보다 더 많이 커야 넘어져도 괜찮지."
"내가 그려볼게요. 이 정도?"
"한 번 올라가보자."

활동하기

- 우리가 함께 정한 크기에 맞게 모양들을 그려 봤어. 이제 모양자처럼 연결해서 그릴 수 있겠다.

놀이자료

- 다양한 모양의 조각판(유아들이 올라설 수 있는 크기로 제작), 숫자스티커, 분필

놀이경험의 의미

- 사방치기를 구성하고 있는 다양한 모양과 모양의 크기를 인식한다.
- 다리의 힘을 조절하여 위치를 이동하며 옮겨 뛰어 본다.
- 친구와 협동하여 문제를 해결한다.

누리과정 관련 내용

- 자연탐구 〉 생활 속에서 탐구하기 〉 물체의 위치와 방향, 모양을 알고 구별한다.
- 신체운동 · 건강 〉 신체활동 즐기기 〉 기초적인 이동운동, 제자리 운동, 도구를 이용한 운동을 한다.
- 사회관계 〉 더불어 생활하기 〉 서로 다른 감정, 생각, 행동을 존중한다.

1. 사방치기 놀이

1-3. 너무 길어지니까 숫자를 맞히기 어려워

평가하기

- 완성된 사방치기 놀이판에서 놀고 있구나.

"와, 정말 멋지다."
"난 끝까지 가볼 거야."
"그런데 멀리 있는 숫자는 맞히기 어려워."
"거기까지 돌이 굴러가지 않아."

- 직접 해보니 숫자가 커질수록 어렵게 느껴지는구나.
- 숫자 몇까지가 쉽게 할 수 있었니?

알아보기

- 다른 나라 친구들도 사방치기 놀이를 한대. 어떤 그림을 그려서 놀이하는지 살펴보자.

〈세계 여러 나라의 사방치기〉

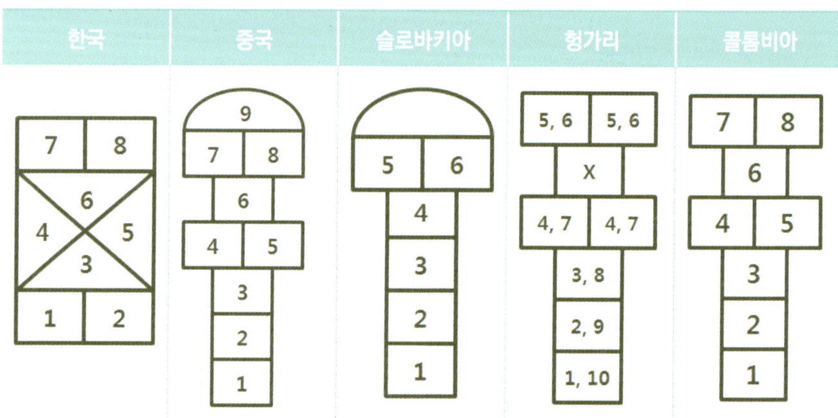

- 숫자는 주로 몇까지 있지?
- 어떤 나라 모양이 가장 재미있을 것 같아?

알아보기

"어! 10이 없어요."
"우리처럼 너무 어려웠나 봐요."
"X자도 있네."
"밟지 말아야 하는 칸인가 봐!"
"여기는 같은 칸인데 숫자가 두 개가 있어. 왜 그러지?"
"다 밟아도 되나봐."
"우리도 지우고 다시 그리자."

보완하기

- 우리도 더 쉽고 재미있게 고쳐볼까?
- 바꾸기 전과 바꾼 뒤 비교할 수 있게 사진을 찍어둘게.

놀이자료

- 세계 여러 나라의 사방치기 모습 사진 또는 동영상, 사진기

놀이경험의 의미

- 사방치기를 구성하고 있는 모양과 숫자를 인식한다.
- 세계 여러 나라의 사방치기 놀이를 비교해 본다.
- 다리의 힘을 조절하여 위치를 이동하며 옮겨 뛰어 본다.

누리과정 관련 내용

- 자연탐구 〉 생활 속에서 탐구하기 〉 물체의 위치와 방향, 모양을 알고 구별한다.
- 사회관계 〉 사회에 관심 가지기 〉 다양한 문화에 관심을 가진다.
- 신체운동 · 건강 〉 신체활동 즐기기 〉 기초적인 이동운동, 제자리 운동, 도구를 이용한 운동을 한다.

1. 사방치기 놀이

1-4. 숫자를 잘 맞히는 돌을 찾아봐야지!

관심갖기

"그런데 돌멩이가 자꾸자꾸 굴러가서 맞히기 어려워."
"내가 해볼게. 이쪽으로 살살 던져야지."
"좋은 돌을 찾아볼게!"
"이렇게 납작한 게 좋아.
"그리고 좀 무거워야 해."

- 돌멩이가 더 납작해야 잘 맞힐 거라 생각하는구나. 또 무거워야 하고.
- 정말 그런지 어떻게 알아보지?

알아보기

- 그러면 돌을 더 모아볼까? 우리가 찾은 물건들을 직접 던져보자.
- 원하는 칸을 잘 맞히는 물건끼리 바구니에 모아보자.

평가하기

"무거운 거랑 아닌 거랑 막 섞여 있어."
"울퉁불퉁한 모양이 많아."

- 꼭 가볍다고(무겁다고) 잘 던져지는 건 아니구나. 왜 그러지?
- 한 번만 던져서 알 수 있을까?
- 같은 돌을 여러 번 던지며 찾아보자.

보완하기

"방향을 잘 맞춰야 해. 힘을 모아서!"
"너무 세게도 아니고, 살살도 아니고."

- 울퉁불퉁한 돌을 방향을 맞춰 잘 던져야 하는 거구나.
- 돌멩이 말고 또 무엇으로 던지면 좋을지 더 찾아보기로 하자.

놀이자료

- 사방치기 놀이판, 다양한 크기와 모양의 돌멩이, 공깃돌, 오재미, 지우개, 양팔저울

놀이경험의 의미

- 물체의 무게와 모양에 따라 굴러가는 힘이 달라지는 것을 이해한다.
- 비측정 도구에 관심을 가지고 사용해 본다.
- 물건이 과녁을 맞힐 확률을 따져보는 경험을 한다.
- 친구와 협동하여 문제를 해결한다.

누리과정 관련 내용

- 자연탐구 〉 생활 속에서 탐구하기 〉 물체의 특성과 변화를 여러 가지 방법으로 탐색한다.
- 자연탐구 〉 생활 속에서 탐구하기 〉 일상생활에서 길이, 무게 등의 속성을 비교한다.
- 자연탐구 〉 탐구과정 즐기기 〉 궁금한 것을 탐구하는 과정에 즐겁게 참여한다.
- 사회관계 〉 더불어 생활하기 〉 서로 다른 감정, 생각, 행동을 존중한다.

2. 동물들의 소리내기

대 집단활동 시간에 '삐약이는 흉내쟁이' 동화를 듣다가, 다양한 동물 소리를 흉내 내고 있다.

"우리 목소리 바꿔볼래?"
"멍멍! 멍멍!"
"그런데 강아지는 멍멍! 하지 않고, 왈왈!! 왈왈!! 이렇게 소리 내는 것 같아."
"맞아, 병아리도 삐약삐약 하지 않고, 빡빡~ 이렇게 소리 내는데."
"나는 닭소리 잘 낸다. 꼬끼오~~~!!"
"진짜 똑같다."
"나도 따라하고 싶은데 잘 안되네. 네가 또 해 봐."
"꼬끼오~~~!!"
"또 해 봐!!"
"꼬끼오~~~!!"
"나 원숭이 소리도 잘 낸다. 끼~끼~"
"우와, 또 해봐!"
"끼~~끼~~"

유아들은 ……

관찰 1
동물들이 내는 다양한 소리에 관심을 가지고 흉내 내면서, 더 정확하게 표현하려고 한다.

관찰 2
동물소리를 잘 내는 친구의 소리를 계속 듣고 싶어 한다.

⬇⬇⬇⬇

유아 주도 놀이	창의융합 사고의 단계					
	관심 갖기	알아 보기	활동 하기	평가 하기	보완 하기	공유 하기
2-1. 동물들은 어떻게 소리를 낼까?						
2-2. 녹음장치를 사용해 보자						
2-3. 시끌벅적 동물농장						

2. 동물들의 소리내기

2-1. 동물들은 어떻게 소리를 낼까?

관심갖기

"나는 닭소리 잘 낸다. 꼬끼오~~~!!"
"진짜 똑같다."
"나 원숭이 소리도 잘 낸다. 끼~끼~"
"우와, 또 해봐!"

- 삐약이처럼 동물 소리 흉내 내는 것이 재미있구나.
- 또 어떤 동물의 소리를 낼 수 있니?

알아보기

"'도리를 찾아서' 영화에 나오는 흰고래는 우~~~하고 소리를 냈어."
"고래는 물에 사는데 소리를 낼 수 있어?"

- 고래도 정말 소리를 낼 수 있는지 궁금하구나. 동물 동영상(또는 사진)을 보며 동물들이 소리 내는 방법에 대해 알아보자.

〈동물들의 소리내기〉

고래	귀뚜라미	박쥐
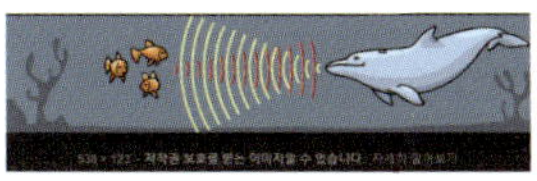	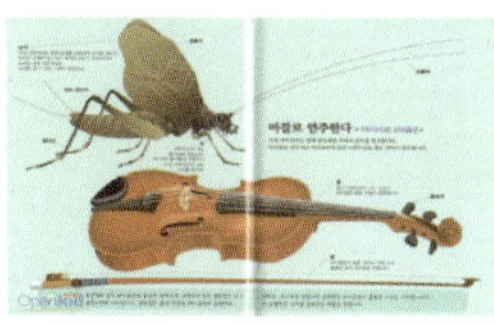	
고래의 소리는 피아노에서 음이 가장 낮은 건반을 눌렀을 때 나는 소리에 가까워요. 이런 저주파수의 소리는 바닷 속에서 거의 흡수되지 않아서 세계 어디에서나 통신이 가능해요.	귀뚜라미는 수컷만 소리를 낼 수 있어요. 앞날개를 비벼서 소리를 내요. 그리고 앞다리의 종아리 마디에 고막 기관이 있어서 소리를 들을 수 있어요.	박쥐는 고래와는 정반대로 고주파수 소리를 내요. 박쥐가 소리를 내면 그 소리가 물체에 반사되어 되돌아오는데, 박쥐의 눈을 가려도 소리의 시간차를 통해 장애물의 위치를 파악할 수 있어요.

활동하기

- 고래처럼 아주 낮은 소리로 말해 볼까? 느낌이 어떠니?
- 귀뚜라미처럼 앞날개를 비벼서 소리를 내면 어떨 것 같니?

(아주 낮은 목소리로) "나는 고래야, 내 목소리 잘 들려?"
(손을 비비며) "나는 귀뚜라미야, 계속 말하니까 팔이 아프다."

- 그렇게 소리를 냈을 때의 좋은 점은 무엇일까?

놀이자료
- 고래, 귀뚜라미, 박쥐가 소리 내는 모습이 담긴 사진(또는 동영상)

놀이경험의 의미
- 동물들이 소리를 내는 방법과 특징에 대해 알아본다.
- 동물들의 소리를 의성어로 표현할 수 있다.
- 친구의 생각과 표현을 존중한다.

누리과정 관련 내용
- 자연탐구 〉 자연과 더불어 살기 〉 주변의 동식물에 관심을 가진다.
- 의사소통 〉 듣기와 말하기 〉 상황에 적절한 단어를 사용하여 말한다.
- 사회관계 〉 더불어 생활하기 〉 서로 다른 감정, 생각, 행동을 존중한다.

5세와의 연계
- 5세 유아와 함께 활동할 경우, 유아들이 표현하는 소리를 단어 카드에 의성어로 적어서 칠판에 붙여주고 비교해 본다.

2. 동물들의 소리내기

2-2. 녹음장치를 사용해 보자

관심갖기

"계속 동물소리를 내다보니까 목이 아프다."
"그런데 소리를 계속 내지 않아도 녹음하면 되는데."
"맞아, 우리 엄마도 휴대폰에 내 목소리 녹음하셨어."

- 그렇구나. 녹음을 하면 듣고 싶을 때 계속 들을 수 있겠구나.
- 휴대폰말고 또 녹음할 수 있는 기계는 뭐가 있을까?

알아보기

"녹음기!"
"장난감 마이크에도 녹음이 돼!"

- 휴대폰, 녹음기, 장난감 마이크에 녹음할 수 있구나.
- (소리 나는 인형을 보여주며) 선생님은 '보이스 칩'이라는 것에도 녹음해봤단다. 이 인형 안에 목소리를 녹음한 칩을 넣을 수 있어.

활동하기

- 보이스 칩에 소리를 녹음하는 방법이 궁금하구나.
- 휴대폰, 장난감 마이크, 보이스 칩에 동물소리를 녹음하는 방법을 알려줄게.

휴대폰

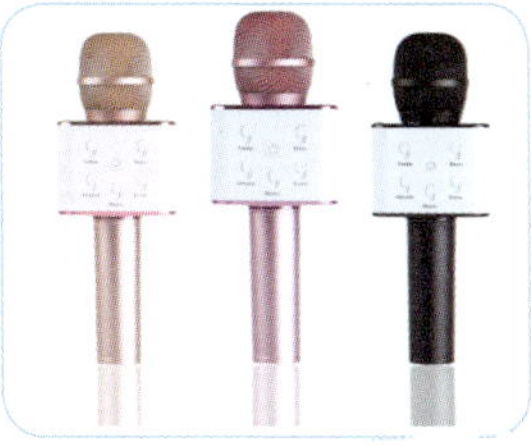
녹음 기능이 있는 장난감 마이크

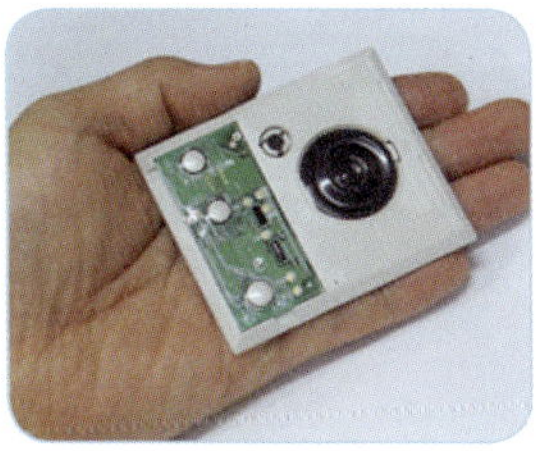
보이스 칩

평가하기	• 휴대폰, 장난감 마이크, 보이스 칩에 동물소리를 녹음해 보니, 어떤 점이 편리하니(불편하니)? "휴대폰은 선생님 물건이라 녹음해도 아무 때나 들을 수 없어." "장난감 마이크는 녹음하기 쉬워." "그런데 친구들이 가지고 놀다가 보면 지워질 것 같아." "보이스 칩은 재미있어." "어디에다가 안보이게 숨겨놓고 소리를 낼 수 있으니까." • 보이스 칩에 녹음하는 것이 가장 재미있게 느껴졌구나.

놀이자료

• 휴대폰, 녹음기(보이스 레코더 등), 녹음 기능이 있는 장난감 마이크, 보이스 칩

놀이경험의 의미

• 여러 가지 녹음장치의 사용방법을 알아본다.
• 여러 가지 녹음장치의 장점과 단점을 생각하여 말할 수 있다.
• 우리 생활에서 녹음을 하면 편리한 상황을 발견해 본다.

누리과정 관련 내용

• 자연탐구 〉 생활 속에서 탐구하기 〉 도구와 기계에 대해 관심을 가진다.
• 자연탐구 〉 탐구과정 즐기기 〉 탐구과정에서 서로 다른 생각에 관심을 가진다.
• 자연탐구 〉 탐구과정 즐기기 〉 주변 세계와 자연에 대해 지속적으로 호기심을 가진다.

참고사항

• 가정과 연계하여 집에서 동물소리를 녹음해온 뒤, 맞혀보는 활동을 할 수 있다.

2. 동물들의 소리내기

2-3. 시끌벅적 동물농장

활동하기

"우리 교실 초인종으로 보이스 칩을 쓰면 좋겠어."
"'꼬꼬댁~~'하면 '누구세요?'하면 되지."
"점심시간이라고 알려주는 종으로 쓰면 좋겠다."
"나는 블록으로 동물농장을 만들어서 진짜 동물이 있는 것처럼 소리 내고 싶어."

- 보이스 칩을 여러 곳에 사용할 수 있구나.
- 그중에서 먼저 어디에 사용해 볼지 정하고, 어울리는 소리를 녹음해 볼까?

보완하기

"우리 반이 사자 반이니까 '으르렁!'소리를 녹음해서 문 앞에 붙이자."
"그런데 소리가 너무 작아서 잘 안 들려. 누가 왔는지 모르겠어."
"간식으로 우유를 다 먹고 나서, '음메~'소리가 나면 재미있겠다."
"이거 진짜 재밌다. 우유 또 먹고 싶어."

- 여러 가지 방법으로 사용하면서 좋은 점과 불편한 점을 발견하게 되었구나.

동물 인형으로 친구에게 메시지 전하기

우유 간식을 다 먹으면 누르기

동물농장 놀이할 때 사용하기

공유하기	"이번에는 동물인형에 보이스 칩을 넣어 보자." "원숭이 배에서 ㅇㅇ이 목소리가 들려." "집에 가져가고 싶다." "잘 때 인형을 안고자면 친구가 옆에 있는 기분이 들 것 같아." • 소리 나는 동물인형을 집에 가져가서 가족들과 놀아보고 싶구나. 누구부터 가져갈까? • 또 어떤 친구의 목소리를 녹음해서 가져가고 싶니? "나는 ㅇㅇ이가 고양이 소리 내는 게 제일 귀여워." "내가 녹음해줄게." "야~옹~, 친구야, 나랑 놀자. 나 지금 심심해. 너는 지금 뭐하고 있니?"

놀이자료

• 보이스 칩 여러 개, 블록, 동물 그림 스티커(강아지, 고양이, 닭, 병아리, 원숭이, 고래, 사자 등), 동물인형

놀이경험의 의미

• 우리 생활을 편리하거나 즐겁게 할 수 있는 아이디어에 관심을 갖는다.
• 보이스 칩을 다양한 상황에 활용해 보고 장점과 단점을 찾아본다.
• 차례를 지키며 활동에 참여한다.

누리과정 관련 내용

• 자연탐구 〉 탐구과정 즐기기 〉 주변 세계와 자연에 대해 지속적으로 호기심을 가진다.
• 자연탐구 〉 탐구과정 즐기기 〉 탐구과정에서 서로 다른 생각에 관심을 가진다.
• 사회관계 〉 더불어 생활하기 〉 서로 다른 감정, 생각, 행동을 존중한다.

5세와의 연계

• 우리나라와 다른 나라의 의성어의 공통점과 차이점에 대해 알아볼 수 있다.

3. 우리가 좋아하는 딸기 주스

(간)식 시간에 6명의 유아가 테이블에 둘러 앉아, 오렌지 주스를 마시고 있다.

"주스 맛있겠다! 오렌지 주스네!"
"나는 오렌지 주스보다 망고 주스를 더 좋아해."
"나는 딸기 주스!"
"나는 토마토 주스를 좋아해. 토마토는 싫어하는데 우리 엄마가 얼음이랑 꿀을 넣어서 만들어 주시는데 맛있어."
"와, 맛있었겠다. 먹어 보고 싶다."
"주스에 얼음을 넣으면 맛있어."
"맞아, 얼음을 듬뿍 넣어야 해."
"이 오렌지 주스에도 얼음 넣으면 맛있겠다. 꿀도 넣고."
"나는 딸기 주스 만들어 먹고 싶다."
"딸기랑 얼음이랑 꿀만 있으면 만들 수 있지!"
"어떤 기계에 넣고 갈기만 하면 되는데."

유아들은 ……

관찰 1
과일로 만든 다양한 주스의 맛을 떠올리며, 주스에 어울리는 여러 가지 음식 재료들에 대해 이야기 나누고 있다.

관찰 2
주스를 만드는 과정에 대해 이야기 나누며, 주스를 직접 만들어 보고 싶어 한다.

⬇⬇⬇⬇

유아 주도 놀이	창의융합 사고의 단계					
	관심 갖기	알아 보기	활동 하기	평가 하기	보완 하기	공유 하기
3-1. 딸기 주스는 이렇게 만들어야 맛있어!						
3-2. 우리가 좋아하는 딸기 주스는?						
3-3. 딸기 주스를 나눠줄게						

3. 우리가 좋아하는 딸기 주스

3-1. 딸기 주스는 이렇게 만들어야 맛있어!

관심갖기

"나는 오렌지 주스보다 망고 주스를 더 좋아해."
"나는 딸기 주스!"
"나는 토마토 주스를 좋아해. 토마토는 싫어하는데 우리 엄마가 얼음이랑 꿀을 넣어서 만들어 주시는데 맛있어."

- 여러 가지 주스를 먹어 봤구나.
- 또 어떤 과일로 만든 주스를 먹어 봤니?
- 그중에서 어떤 과일 주스를 제일 좋아하니?
- 우리 반 친구들은 딸기 주스를 좋아하는구나.

알아보기

"오렌지 주스에도 얼음 넣으면 맛있겠다. 꿀도 넣고."
"나는 딸기 주스 만들어 먹고 싶다."
"딸기랑 얼음이랑 꿀만 있으면 만들 수 있지!"
"어떤 기계에 넣고 갈기만 하면 되는데."

- 딸기 주스를 직접 만들어 보고 싶기도 하구나.
- 딸기 주스에는 얼음이나 꿀 말고도 또 무엇을 넣으면 맛있을까?

"설탕!", "우유!", "요거트!"
"초코 빨대로 먹으면 맛있겠다."
"다른 과일이랑 섞어도 맛있을 것 같아."

- 재미있는 재료들을 많이 떠올렸구나.
- 그 재료들을 넣어서 맛있는 딸기 주스를 만들어 볼까?

활동하기

- 주스를 직접 만들어 보기 전에 먼저 주스의 맛을 상상하며, 컵 모양 종이에 재료들을 붙여볼까? 원하는 재료가 스티커에 없으면 사인펜으로 그려도 된단다.

- 어떤 주스를 만들고 싶은지 친구들에게 소개해 줄까?

놀이자료

- 컵 모양 스티커 종이, 주스 재료(딸기, 우유, 설탕, 꿀, 얼음, 바나나, 요거트 등) 스티커 종이, 사인펜

놀이경험의 의미

- 과일 주스의 재료와 만드는 과정에 관심을 가진다.
- 주스를 새롭게 만드는 방법을 생각하여 표현할 수 있다.
- 다른 사람의 생각을 존중한다.

누리과정 관련 내용

- 자연탐구 〉 생활 속에서 탐구하기 〉 물체의 특성과 변화를 여러 가지 방법으로 탐색한다.
- 예술경험 〉 창의적으로 표현하기 〉 다양한 미술 재료와 도구로 자신의 생각과 느낌을 표현한다.
- 사회관계 〉 더불어 생활하기 〉 서로 다른 감정, 생각, 행동을 존중한다.

5세와의 연계

- 5세 유아와 함께 활동할 경우, 주스에 넣을 재료의 양을 더 정확하게 표현하여 기록하도록 한다.

3-2. 우리가 좋아하는 딸기 주스는?

알아보기

"이렇게 만들어서 먹어 보고 싶어요."
"네가 생각한대로 만들면 너무 설탕 맛만 날 것 같아."
"딸기를 더 듬뿍 넣어야 맛있을 텐데."

- 우리가 생각한 방법대로 주스를 만들면 어떤 맛이 날지 궁금하구나.
- 여러 가지 재료를 가지고 왔어. 직접 만들어 볼까?

활동하기

"주스 같은 느낌이 안나. 우유를 더 넣어야 할 것 같아."
"그 다음엔 내가 할 거야."
"딸기 한 개만 더 넣을래."
"요거트는 두 숟가락 넣을래."
"우유는 이만큼."

- 누구의 주스부터 만들지 먼저 순서를 정해 볼까?
- 재료를 처음부터 많이 넣으면 어떻게 될까? 조금씩 넣어 보며 얼마나 넣으면 좋을지 생각해 보자.
- '이만큼'이 얼마 만큼인지 더 정확하게 재려면 무엇을 이용하면 좋을까?
- 자기 컵 종이에 얼마만큼 넣었는지 표시해도 좋겠구나.

평가하기

"어떤 맛이 날지 너무 궁금해."
"나랑 바꿔서 먹어 보자."
"우유랑 딸기랑 잘 어울려."
"윽! 너무 달아! 맛있을 줄 알았는데."
"이 주스는 정말 맛있어."

- 서로 바꿔서 먹어 볼까? 누가 만든 주스가 맛있니?
- 먹어 보고 마음에 든 주스에는 하트 스티커를 붙여 줄래?
- 하트 스티커가 가장 많이 붙은 컵은 어떤 것이니?
- 우리가 좋아하는 주스에는 어떤 재료들이 들어 있었니?

〈우리가 좋아하는 딸기 주스는?〉

3개	1조각	1스푼	x	x	4조각	1컵

놀이자료

- 주스 재료(딸기, 우유, 설탕, 꿀, 얼음, 바나나, 요거트 등), 개인용 컵, 믹서기, 비측정 도구(눈금이 있는 유리컵 또는 작은 종이컵, 숟가락 등), 하트 스티커

놀이경험의 의미

- 음식의 재료량을 나타내는 다양한 단위에 관심을 갖는다.
- 여러 가지 생각을 하나로 모으는 과정을 경험한다.
- 더 맛있는 주스를 만들기 위해 반복되는 과정에 인내심을 가지고 참여해 본다.

누리과정 관련 내용

- 자연탐구 〉 생활 속에서 탐구하기 〉 일상에서 길이, 무게 등의 속성을 비교한다.
- 예술경험 〉 예술 감상하기 〉 서로 다른 예술 표현을 존중한다.
- 자연탐구 〉 생활 속에서 탐구하기 〉 물체의 특성과 변화를 여러 가지 방법으로 탐색한다.

참고사항

- 각각의 주스를 너무 많이 만들지 않도록 하고, 친구들의 주스까지 골고루 맛보고 비교해 보도록 한다.

3-3. 딸기 주스를 나눠줄게

공유하기

"딸기 주스 남겼다가 버스에 가져가고 싶다."
"나 파랑 반에 친구 있는데 그 친구한테 주고 싶어."
"내 동생은 노랑 반인데 노랑 반에도 갖다 주고 싶다."

- 딸기 주스를 다른 사람들과 나눠먹고 싶구나.
- 우리에게 딸기가 한 바구니 정도 있는데 만들어서 어떤 반에게 나눠줄까?
- 그럼 노랑 반 동생들에게 나눠주기로 하자.

"내가 가져다줄래."
"나는 딸기 주스를 만들 거야."
"그럼 나는 뭐하지?"

- 주스를 나눠 주는 일에 모두 함께 하고 싶구나! 그러면 역할을 정해 볼까?
- 주스 만드는 역할, 배달하는 역할 말고 또 어떤 역할이 필요할까?

예) 딸기 씻기, 주스 컵 꾸미기, 다 먹은 컵 걷어오기, 먹어 보니 어땠는지 조사해 오기 등

보완하기

"그런데 딸기를 이만큼 넣으면 우유는 얼마만큼 넣어야 하지?"
"대충 이 정도?"
"그러다가 맛없어지면 어떻게 해?"
"아, 좋은 생각이 있어. (표를 보며) 이대로 여러 번 넣으면 될 것 같아."
"그러면 우리 한 번씩 돌아가면서 하자."

- 더 많은 양의 주스를 만드는 방법을 생각하고 있구나.

보완하기

- 표에 있는 대로 여러 번 반복하는 것도 좋은 방법이네.
- 그리고 동생들이 우리 주스의 맛이 어땠는지 맛있는 만큼 우유모양 스티커를 붙여 달라고 해볼까?

평가하기

"동생들이 우리 주스를 정말 좋아했어."
"스티커가 정말 많아."
"그런데 어떤 동생은 우유를 못 먹는다고 먹어 보지도 않았어."

- 우리가 좋아하는 주스를 모두가 좋아하는 것은 아니구나.
- 새로운 주스를 집에서도 만들어 보면 좋겠네.

놀이자료

- 주스 재료(딸기, 우유, 꿀, 얼음, 바나나), 종이컵 여러 개, 맛 평가지, 딸기우유 모양 스티커 여러 개

놀이경험의 의미

- 더 많은 양의 주스를 만들기 위해 달라지는 재료의 양과 개수에 관심을 갖는다.
- 일의 순서를 떠올리며 필요한 역할을 생각할 수 있다.
- 자신의 맡은 역할을 책임감 있게 해내려고 노력한다.

누리과정 관련 내용

- 자연탐구 〉 생활 속에서 탐구하기 〉 물체를 세어 수량을 알아본다.
- 사회관계 〉 나를 알고 존중하기 〉 내가 할 수 있는 것을 스스로 한다.
- 사회관계 〉 더불어 생활하기 〉 약속과 규칙의 필요성을 알고 지킨다.

참고사항

- 가정과 연계하여 새로운 주스 만들기 과정에 참여해 보고, 친구들에게 소개해 주도록 한다.

4. 여러 가지 주사위 놀이

자유선택활동 시간에 네 명의 유아가 모여, 주사위 굴리기 게임을 하고 있다.

"나는 계속 주사위에서 1만 나와. 이 주사위 이상해."
"아니야, 주사위로 하는 게 제일 공평한 거야."
"그래도 오늘은 계속 1만 나왔단 말이야."
"주사위는 왜 6까지 밖에 없는 거야."
"그러네. 주사위에 10도 있고, 100도 있으면 앞으로 막 갈 수 있는데."
"그렇게 막 가면 게임이 한 번에 끝나버리잖아. 그러면 재미없지."
"그리고 원래 주사위는 6까지 밖에 없어."
"아니야, 4까지 있는 주사위도 있어."
"그런 게 어디 있니?"
"진짜야. 우리 집에 있어!"
"그런데 그 주사위는 이렇게 네모 모양이 아니라, 세모 모양이었어."

유아들은 ……

관찰 1
주사위에 적힌 숫자에 관심을 보이며, 주사위를 이루고 있는 면의 수와 모양에도 관심을 보이고 있다.

관찰 2
주사위가 공평한지 아닌지 따져보고 있다.

⬇⬇⬇⬇

유아 주도 놀이	창의융합 사고의 단계					
	관심 갖기	알아 보기	활동 하기	평가 하기	보완 하기	공유 하기
4-1. 재미있는 주사위 모양						
4-2. 주사위는 공평할까?						
4-3. 주사위 두 개를 던지면						

4. 여러 가지 주사위 놀이

4-1. 재미있는 주사위 모양

관심갖기

"원래 주사위는 6까지 밖에 없어."
"아니야. 4까지 있는 주사위도 있어."
"말도 안돼. 그런 게 어디 있니?"
"진짜야. 우리 집에 있어!"
"그런데 그 주사위는 이렇게 네모 모양이 아니라, 세모 모양이었어."

- 주사위에 숫자가 몇까지 있는지 궁금하구나.
- 여기 네모 모양, 세모 모양 종이가 여러 장 있단다. 테이프로 이어보며, 주사위 모양을 만들어 볼까?

활동하기

"나는 세모 모양 종이로 4까지 있는 주사위를 만들었어."
"어! 진짜 만들어지네."
"우리 또 다른 모양도 만들어 보자."

- 주사위 모양이 여러 가지가 있을 수 있겠구나.
- 여기 여러 가지 주사위를 접을 수 있는 종이들이 있으니, 접어 봐도 좋아.

〈여러 가지 주사위 전개도〉

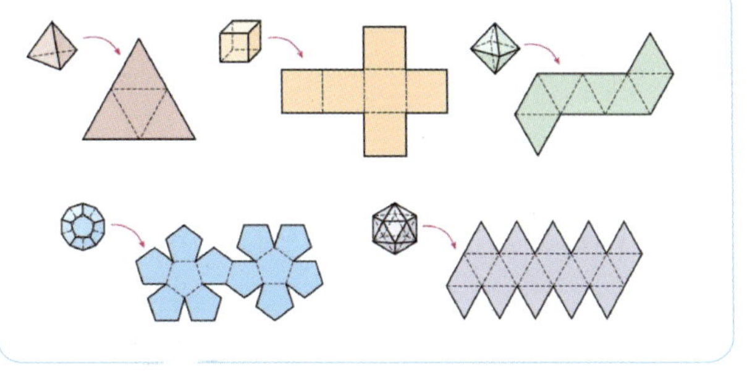

알아보기

- 어떤 주사위 모양이 가장 마음에 드니? 숫자는 몇까지 있니? 모양은 어때?
- 여러 가지 주사위를 굴려보며 놀이해 보자.

놀이자료

- 주사위를 만들어 볼 수 있는 삼각형 조각과 사각형 조각 여러 개, 4면체 · 6면체 · 8면체 · 10면체 · 12면체 · 20면체 모양을 접을 수 있는 전개도 여러 장, 매직

놀이경험의 의미

- 평면도형을 연결하여 입체도형을 만들어 보는 경험을 한다.
- 주사위를 구성하고 있는 면과 숫자에 관심을 갖는다.
- 나와 다른 생각을 가진 친구의 이야기를 존중한다.

누리과정 관련 내용

- 예술경험 〉 창의적으로 표현하기 〉 다양한 미술재료와 도구로 자신의 생각과 느낌을 표현한다.
- 자연탐구 〉 생활 속에서 탐구하기 〉 물체의 위치와 방향, 모양을 알고 구별한다.
- 사회관계 〉 더불어 생활하기 〉 서로 다른 감정, 생각, 행동을 존중한다.

참고사항

- 유아들이 원하는 모양을 쉽게 만들 수 있도록 입체감이 있게 교재를 제작한다.

4. 여러 가지 주사위 놀이

4-2. 주사위는 공평할까?

알아보기

"나는 계속 주사위에서 1만 나와. 이 주사위 이상해."
"아니야, 주사위로 하는 게 제일 공평한 거야."
"그래도 오늘은 계속 1만 나왔단 말이야."

- 주사위를 던질 때 숫자들이 골고루 나오는지 궁금하구나.
- 어떻게 해야 알아볼 수 있을까?

"주사위를 잘 보면 울퉁불퉁한 부분이 있을지도 몰라."
"울통불퉁하면 계속 같은 숫자만 나올 수 있어."
"아무리 봐도 다 똑같이 생겼는데."
"그리고 내가 던질 때에는 골고루 나왔어."
"네가 1만 나오게 던지는 거 아니야?
"그런 게 어디 있어?

- 주사위를 아주 많이 던져보면서 골고루 나오는지 알아볼까?

활동하기

"내가 계속 던져볼게."
"한 사람만 던지지 말고, 모두 던져 보자."
"100번 던질까?

- 그러면 주사위를 던져서 나오는 숫자에 색칠해 보면 되겠구나.

활동하기

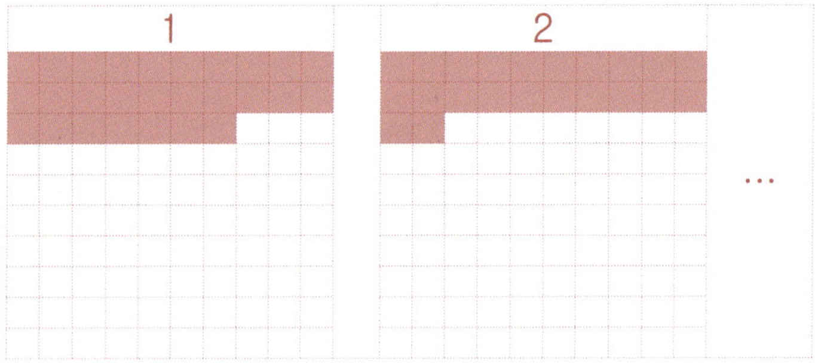

평가하기

- 며칠 동안 던져봤는데, 어떻게 됐니?
- 주사위를 던져서 무엇을 정하는 것은 공평하다고 할 수 있을까?

놀이자료

- 주사위, 1~6까지 숫자가 나올 때마다 색칠할 수 있는 활동판

놀이경험의 의미

- 주사위를 여러 번 던져보며 확률적 개념에 관심을 갖는다.
- 궁금한 점을 알아보기 위한 절차를 생각하고 활동해 볼 수 있다.
- 활동을 하며 발견한 점에 대해 자신 있게 말해 본다.

누리과정 관련 내용

- 자연탐구 〉 탐구과정 즐기기 〉 주변 세계와 자연에 대해 지속적으로 호기심을 가진다.
- 자연탐구 〉 탐구과정 즐기기 〉 궁금한 것을 탐구하는 과정에 즐겁게 참여한다.
- 의사소통 〉 듣기와 말하기 〉 자신의 경험, 느낌, 생각을 말한다.

참고사항

- 여러 날에 걸쳐서 가능한 많이 던져서 확률적으로 비슷한 수에 맞춰지도록 한다.

4. 여러 가지 주사위 놀이

4-3. 주사위 두 개를 던지면

활동하기

"우리가 만든 주사위에 예쁘게 꾸미고 싶어."
"나는 뱅글뱅글 돌아가는 모양으로 꾸밀 거야."
"나는 꼬불꼬불한 모양으로."
"꼬불꼬불?"
"어, (팔을 모아서 꼬며) 이렇게 꼬불꼬불."

- 주사위에 그리는 그림을 몸으로 표현했구나. 꼬불꼬불 꼬기, 뱅글뱅글 돌리기 말고 또 어떤 모습이 있을까?
- 그렇게 표현하는 모습이 신나 보이네. 신나는 음악을 틀어줄게.

평가하기

"주사위 던져서 춤추기 놀이네."
"나는 다른 노래 들으면서 춤추고 싶어."
"느린 노래. 이렇게 천천히"

- 그러면 신나는 노래, 느린 노래, 또 어떤 노래가 필요하니?

보완하기

"조용한 노래."
"빠른 노래."
"노래 주사위도 만들자."

- 움직임 주사위와 노래 주사위를 던지니 여러 가지 춤이 나오네.

보완하기

움직임 주사위
(구부리기, 뻗기, 꼬기, 흔들기,
돌리기, 떨기)

노래 주사위
(신나는, 빠른, 느린, 조용한,
시끄러운, 슬픈)

공유하기

• 주사위 던져서 춤추기를 언제하면 재미있을까?

"우리 생일파티 때 이거 던져서 춤추자."
"집에서 엄마, 아빠랑 같이 하고 싶어."

놀이자료

• 주사위(각 면에 종이를 끼울 수 있도록 제작), 다양한 동작 그림 및 단어 카드(주사위에 끼울 수 있도록 제작)

놀이경험의 의미

• 주사위를 다양하게 활용하는 방법을 생각해 본다.
• 주사위를 던져 우연히 떠오르는 생각과 느낌을 표현해 본다.
• 다양한 움직임과 춤으로 자유롭게 표현할 수 있다.

누리과정 관련 내용

• 자연탐구 〉 탐구과정 즐기기 〉 주변 세계와 자연에 대해 지속적으로 호기심을 가진다.
• 의사소통 〉 듣기와 말하기 〉 자신의 경험, 느낌, 생각을 말한다.
• 예술경험 〉 창의적으로 표현하기 〉 신체나 도구를 활용하여 움직임과 춤으로 자유롭게 표현한다.

5세와의 연계

• 감정 주사위를 만들어, 주말 지낸 이야기를 하거나 자기 소개하기 등에 활용할 수 있다.

5. 이것과 저것을 연결하면

미술영역에서 종이 상자, 아이스크림 막대, 휴지 속대, 실, 단추, 과일포장지 등을 담아놓은 재활용품 바구니를 보며 4~5명의 유아가 이야기 나누고 있다.

"(휴지 속대를 보며) 짜잔, 이거 망원경이다."
"나는 상자로 인형 집 만들 거야."
"나는 계속 연결해서 기차를 만들 거야."
"테이프로 붙이면 되지."
"하얀색 풀(목공용 풀)로 나무 조각을 붙여본 적 있어."
"튼튼하지 않을 것 같은데."
"그런가?"
"네가 기차 만들면, 내가 이 상자로 기차역 만들어 줄게."
"나는 아이스크림 막대를 쌓아서 자동차나 배를 만들 거야."
"이것도 움직이지 않게 서로 붙이면 더 튼튼할 거야."
"여기 실도 있어."
"실로 꽁꽁 묶을까?

유아들은 ……

관찰 1
여러 가지 재활용품을 연결하여 새로운 것을 만드는 일에 관심을 보이고 있다.

관찰 2
물건과 물건을 튼튼하게 연결하는 방법에 대한 다양한 생각을 이야기 나누고 있다.

⬇⬇⬇⬇

유아 주도 놀이	창의융합 사고의 단계					
	관심 갖기	알아보기	활동하기	평가하기	보완하기	공유하기
5-1. 내가 만든 재미있는 장난감						
5-2. 더 튼튼하게 연결해 보자						
5-3. 모두 연결하면 더 멋있어						

5. 이것과 저것을 연결하면

5-1. 내가 만든 재미있는 장난감

관심갖기

"(랩 속대를 보며) 짜잔, 이거 망원경이다."
"나는 상자로 인형 집 만들 거야."
"나는 계속 연결해서 기차를 만들 거야."
"네가 기차 만들면, 내가 이 상자로 기차역 만들어 줄게."
"나는 아이스크림 막대를 쌓아서 자동차나 배를 만들 거야."

- 재활용품들을 보니까, 여러 가지 물건들을 만들어 보고 싶구나.
- 또 어떤 것들을 만들 수 있을까?
- 두 가지나 세 가지 물건을 연결해서 만들 수도 있겠네.

활동하기

"나는 휴지 속대에 단추를 붙여서 더 멋지게 만들 거야."
"단추? 이 상자에다가 단추를 여러 개 붙이면 컴퓨터랑 비슷할 것 같아."
"그럼 나는 장난감 컴퓨터를 만들어야지."
"나는 상자에다가 실을 붙이고 싶어. 거미줄처럼."
"붙어있으면 거미줄처럼 안보일 것 같은데."
"이렇게 실이 왔다 갔다 하면 좋겠어."
"상자에다가 휴지 속대를 넣으니까 터널 같아. 터널을 많이 만들 거야."

- 만들다보니 처음 생각과 달라지기도 하는구나.
- 혹시 더 필요한 물건들이 있으면 찾아볼게.
- 그리고 물건과 물건을 연결하는 부분이 어려우면 도와줄게.

활동하기

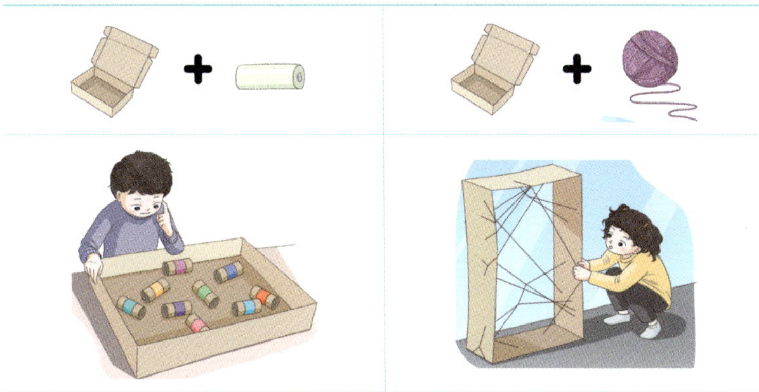

• 어떤 물건을 연결하여 만들었니? 만든 물건을 친구들에게 소개해주자.

놀이자료

• 다양한 재활용품(종이 상자, 아이스크림 막대, 휴재 속대, 실, 단추, 과일 포장지 등), 목공용풀, 글루건, 박스용 테이프, 가위

놀이경험의 의미

• 물건의 모양과 크기, 재질을 탐색하여 새로운 물건을 만들어 본다.
• 두 가지 이상의 사물을 연결하여 표현할 수 있다.
• 자신의 생각을 존중하는 마음을 갖는다.

누리과정 관련 내용

• 예술경험 〉 창의적으로 표현하기 〉 다양한 미술 재료나 도구로 자신의 생각과 느낌을 표현한다.
• 자연탐구 〉 생활 속에서 탐구하기 〉 도구와 기계에 대해 관심을 가진다.
• 사회관계 〉 나를 알고 존중하기 〉 나를 알고 소중히 여긴다.

참고사항

• 재활용품의 수와 종류를 넉넉하게 준비하여 유아들이 생각을 자유롭게 표현할 수 있도록 돕는다.

5. 이것과 저것을 연결하면

5-2. 더 튼튼하게 연결해 보자

알아보기

"테이프로 붙이면 되지."
"하얀색 풀(목공용 풀)로 나무 조각을 붙여본 적 있어."
"튼튼하지 않을 것 같은데."
"그런가?"
"이것도 움직이지 않게 서로 붙이면 더 튼튼할 거야."
"여기 실도 있어."
"실로 꽁꽁 묶을까?

- 더 튼튼하게 연결하는 방법이 궁금하구나.
- 연결하거나 붙일 때 사용하는 것에는 무엇이 있을까?

활동하기

- 휴지 속대를 목공용 풀, 글루건, 테이프, 벨크로로 붙여보고 비교해 보자.

〈목공용풀〉	〈글루건〉	〈테이프〉	〈벨크로〉

평가하기	• 어떤 것이 가장 튼튼하게 연결됐니? • 가장 쉽게 연결할 수 있었던 것은 어떤 물건이었니? • 테이프(실, 글루건 등)의 불편한 점은 뭘까?
보완하기	• 알게된 점을 이용해서 어떤 부분을 더 튼튼하게 해볼까? "내 거미줄 끝 부분을 테이프로 감아서 더 튼튼하게 할 거야." "휴지 속대 터널은 글루건으로 다시 붙일 거야." "아이스크림 막대는 목공용풀로 연결할 거야." "벨크로로 연결하면 붙일 수도 있고, 다시 뗄 수도 있어."

놀이자료

• 휴지 속대 여러 개, 목공용 풀, 글루건, 테이프, 벨크로

놀이경험의 의미

• 다양한 접착제의 장 · 단점을 비교해 본다.
• 물건을 더 튼튼하게 연결하는 방법에 관심을 갖는다.
• 친구와 생각을 나누며 도움을 주고받을 수 있다.

누리과정 관련 내용

• 자연탐구 〉 탐구과정 즐기기 〉 궁금한 것을 탐구하는 과정에 즐겁게 참여한다.
• 자연탐구 〉 생활 속에서 탐구하기 〉 물체의 특성과 변화를 여러 가지 방법으로 탐색한다.
• 사회관계 〉 더불어 생활하기 〉 친구와 서로 도우며 사이좋게 지낸다.

참고사항

• 물건의 장점과 단점을 충분히 생각해 볼 수 있도록 상호작용한다.

5. 이것과 저것을 연결하면

5-3. 모두 연결하면 더 멋있어

보완하기

"우리가 만든 것을 다 연결하면 더 멋있을 것 같아."
"또 연결? 우리 계속 연결하네."
"어떻게 연결하지?"
"테이프나 실이나 …."
"여기가 장난감 마을이라고 할까?"
"길로 연결하자."

- 재활용 장난감을 연결해서 가지고 놀고 싶구나.
- 여기 도로모양 테이프가 있단다. 마을처럼 연결해 볼 수도 있겠네.

"어디에서부터 시작할까?"
"나는 ㅇㅇ거랑 연결하고 싶어."
"거미줄 상자는 이쪽 끝에 놓고, 가까이 가면 거미가 잡아먹는다고 하자."
"길을 많이 붙이면 모두 연결할 수 있어."
"길이 복잡하지만 다 연결할 수 있을 것 같아."
"연결되지 않은 게 있는지 찾아보자."
"이러다 신호등도 필요하겠네."

공유하기	"이쪽으로 놀러오세요." "뭐 타고 가지?" "자동차나 버스?" "길이 아닌 부분은 바다라고 하자." "작은 상자나 아이스크림 막대로 만들자." • 장난감을 모두 연결하다보니 커다란 마을처럼 보이네. • 같이 가지고 놀다보니 더 필요한 것도 생기는구나.

놀이자료

• 도로모양 테이프

놀이경험의 의미

• 친구의 작품과 내 작품을 연결하여 더 커다란 작품을 만들어 본다.
• 거리와 방향을 생각하며 도로를 연결해 본다.
• 친구와 함께 생각하며 놀이하는 즐거움을 느낀다.

누리과정 관련 내용

• 예술경험 〉 예술 감상하기 〉 서로 다른 예술 표현을 존중한다.
• 자연탐구 〉 생활 속에서 탐구하기 〉 물체의 위치와 방향, 모양을 알고 구별한다.
• 사회관계 〉 더불어 생활하기 〉 친구와 서로 도우며 사이좋게 지낸다.

5세와의 연계

• 장난감의 특징을 나타내는 마을 이름을 지어 표지판으로 만들어 볼 수 있다.

CHAPTER 03

미디어활용 융합놀이를 통한 5세 창의융합 프로그램

| 5세 유아를 위한 창의융합 프로그램 |

프로그램의 목표

또래 유아와의 놀이과정에서 발현된 자발적 흥미를 미디어 및 소프트웨어와 연결시켜 창의융합적으로 사고하는 역량을 기른다.

■ 프로그램 운영 전략

첫째, 유아들의 내면적 사고 과정을 따라가며 미디어를 활용하여 그 사고가 확장되도록 격려하기
둘째, 또래와의 원활한 의사소통을 통하여 다양한 문제해결을 경험하도록 중재하기
셋째, 지식을 융합하도록 격려하기
넷째, 다양한 애플리케이션 사용을 격려하도록 안내하기
다섯째, 또래와 협업하여 도출한 결과물을 공유함으로써 성취감을 갖도록 하기
여섯째, 유아들이 새로운 것을 시도해 볼 수 있도록 교사가 정보 제공하기
일곱째, 유아들이 관심 갖는 아이디어를 포착하여 미디어 또는 소프트웨어와 연결시켜 창의융합적 사고가 확장하도록 하기
여덟째, 아름다움을 탐색하고 창의적으로 표현하도록 하기

■ 프로그램 목록

유아 주도 놀이		창의융합 사고의 단계					
		관심 갖기	알아 보기	활동 하기	평가 하기	보완 하기	공유 하기
1. 동화책 배경음악 만들어 봐요	1-1. 고릴라 표정 봐봐						
	1-2. 고릴라 마음을 나타내는 음악을 만들자						
	1-3. 피피티 동화에 음악을 넣어요						
	1-4. 음악을 들으며 그림책을 들어 보자						
2. 우리 반 반가 QR코드 만들어요	2-1. 우리 반 반가를 영상 촬영해요						
	2-2. QR코드에 우리 반 반가를 넣어볼래요						
	2-3. 가정통신문에 우리 반 반가 QR코드를 알릴래요						
3. 리듬패드 앱을 활용하여 리듬을 만들어요	3-1. 빗소리에 '비가 와요' 노래 불러요						
	3-2. 리듬패드 앱 리듬 연주를 녹음해요						
	3-3. 리듬패드 앱과 리듬 악기랑 즉흥연주해요						
4. '팥죽할멈과 호랑이' 마당극 놀이해요	4-1. '팥죽할멈과 호랑이' 마당극놀이 대본 만들어요						
	4-2. '팥죽할멈과 호랑이' 마당극놀이 계획해요						
	4-3. '팥죽할멈과 호랑이' 마당극놀이 함께 해요						
5. 매우 큰 책을 만들어요	5-1. 매우 큰 책은 어떻게 만들까?						
	5-2. 매우 큰 책을 만들어 봐요						
	5-3. 매우 큰 책에 바코드와 ISBN을 표시해요						
	5-4. 매우 큰 책을 전시해요						

1. 동화책 배경음악 만들어 봐요

자유놀이 시간에 4명의 유아가 모여 '우리는 친구' 동화책을 읽고 있다.

"고릴라 얼굴 봐봐."
"고릴라가 슬퍼해! 흑흑흑! "
"너무 슬퍼서 눈물이 주르륵 나올 것 같아! 불쌍해."
"친구 하나 없이 사니까 그렇지 뭐."
"와~ 귀엽다. 고양이네~"
"예쁜이 고양이 친구를 데려다주니까 고릴라가 입이 좌~악 벌어졌네."
"룰루 룰루~~~~둘이 정말 좋은가봐."
"딴따따따~딴따따따~ 둘이 좋아서 결혼할 거 같아!"
"아이쿠 깜짝이야! 고릴라가 화났어. 광광 다 부수네."
"우후~ 고릴라가 화나서 책도 다 빨개."

유아들은 ……

관찰 1
그림책의 페이지를 넘기며 고릴라가 처한 상황과 표정을 보며 감정을 탐색하고 있다.

관찰 2
책 속 고릴라의 다양한 감정에 따라 유아들도 표정과 음성을 달리하면서 책장을 넘긴다.

⬇ ⬇ ⬇ ⬇

유아 주도 놀이	창의융합 사고의 단계					
	관심 갖기	알아 보기	활동 하기	평가 하기	보완 하기	공유 하기
1-1. 고릴라 표정 봐봐						
1-2. 고릴라 마음을 나타내는 음악을 만들자						
1-3. 피피티 동화에 음악을 넣어요						
1-4. 음악을 들으며 그림책을 들어 보자						

1. 동화책 배경음악 만들어 봐요

1-1. 고릴라 표정 봐봐

"고릴라 얼굴 봐봐."

- 고릴라가 어떤 일이 있어서 이런 표정을 짓고 있을까?

출처: 우리는 친구(앤서니브라운 글 · 그림, 웅진주니어)

관심갖기

"고릴라가 슬퍼해! 흑흑흑! "
"너무 슬퍼서 눈물이 주르륵 나올 것 같아! 불쌍해."
"친구 하나 없이 사니까 그렇지 뭐."
"와~ 귀엽다. 고양이네~"
"예쁜이 고양이 친구를 데려다주니까 고릴라가 입이 좌~악 벌어졌네."
"룰루 룰루~~~~둘이 정말 좋은가봐."
"딴따따따~딴따따따~ 둘이 좋아서 결혼할 거 같아!"

- 고릴라가 슬퍼할 때, 기뻐할 때를 표정과 소리로 나타내는구나.
- '결혼행진곡'을 흥얼거리는구나! 고릴라가 기쁠 때 어떤 멜로디도 어울릴까?

"아이쿠 깜짝이야! 고릴라가 화났어. 쾅쾅 다 부수네."
"우후~ 고릴라가 화나서 책도 다 빨개."
"지난 번 동시 들을 때 음악과 같이 들었던 것처럼 이 동화책도 음악과 같이 들었으면 좋겠다~ 그치?"

관심갖기

- 고릴라 마음이 어떤가에 따라 너희들이 내는 목소리가 다르구나.
- 지난 번 동시 감상할 때 너희들이 음악을 함께 틀어달라고 한 적이 있었는데 기억나니?
- 원래 있는 음악을 들을 수도 있지만, 너희들이 새로 만들어 본다면 선생님이 도와줄 수 있어.

놀이자료

- '우리는 친구' 그림책

놀이경험의 의미

- 상황에 따라 주인공 고릴라의 감정은 달라짐을 이해한다.
- 주인공 고릴라의 감정을 헤아리며 감정이입해 본다.
- 다양한 감정에 따라 표정과 음성이 다르게 표현되는 것을 안다.

누리과정 관련 내용

- 사회관계 〉 더불어 생활하기 〉 서로 다른 감정, 생각, 행동을 존중한다.
- 의사소통 〉 책과 이야기 즐기기 〉 책에 관심을 가지고 상상하기를 즐긴다.
- 자연탐구 〉 탐구과정 즐기기 〉 궁금한 것을 탐구하는 과정에 즐겁게 참여한다.

1. 동화책 배경음악 만들어 봐요

1-2. 고릴라 마음을 나타내는 음악을 만들자

알아보기

"지난 번 동시 들을 때 음악과 같이 들었던 것처럼 이 동화책도 음악과 같이 들었으면 좋겠다~ 그치?"
"음악을 지어서 들어 보면 좋겠다!"

- 다른 사람이 작곡한 곡보다 너희들이 만든 곡으로 함께 동화를 들으면 좋겠네?
- 동화책 중 어느 장면에서 곡을 만들면 좋을까?

"고릴라 마음이 확 나타나는 것만요"
"예쁜이를 머리에 올려놓고 너무너무 행복해했을 때~"
"맨 처음 친구 하나도 없어서 슬퍼할 때도."
"종이가 모두 빨간색일 때. 고릴라가 엄청 화낼 때."

- ~ 장면에서는 어떤 분위기의 곡을 만드는 게 어울릴까? 이 장면을 보고 떠오르는 멜로디가 있니?
- 벌써 허밍으로 흥얼거리는구나!

활동하기

"여기는 고릴라가 슬프니까 천천히 이렇게~♪♪♪♪ ♩♪♪♪♪ ♩~"
"음 음음음~ 소리가 낮아야 슬픈 마음과 맞겠어."
"고릴라가 예쁜이랑 너무 행복하니까 ♩ ♩ ♩ ♩ ♩♪♪ ♩~ 부드럽고 신나게"
"기분 좋은 거니까 음이 조금 아~ 아아~ 오~ 높은 게 낫겠다."
"화났으니까 쾅쾅 느낌 나게. ♩ ♩ ♩ ♪♪♪♪ ♩"
"이런 건 어때? ♪♩♪♪♩♪~"

활동하기

- 너희가 각자 말한 대로 선생님이 여기 있는 멜로디 악기로 음을 연주해 볼까?
- ○○와 △△가 연주한 음을 연결해 볼까? 들어 보니 어떠니? 어떻게 연결하면 더욱 자연스러울까? 어떤 음을 더 넣을까?
- 곡의 길이는 어느 정도로 하는 게 적당할까?
- 음길이(리듬)를 어떻게 바꿔볼까?
- 여기 있는 북(우드블럭)으로 생각나는 음길이(리듬)을 연주해 볼까?

"음 길이를 짧게 하니까 좀 신나게 들려요."
"음 길이를 천천히 길게 하니까 축-축- 밑으로 가라앉아요."
"△△가 생각한 음을 먼저 하고, 그 다음에 ○○가 생각한 음을 연결하면 더 듣기 좋아요."
"우리 한 번 끝까지 녹음해 봐요. 어떻게 됐나!"
"선생님이 피아노로 우리가 만든 음을 쳐 주세요."

평가하기

- 너희들이 만든 음악을 들으니 어떤 느낌이 드니?
- 듣기에 어색한 부분이 있니? 그 부분을 바꾼다면 어떻게 바꾸는 게 좋을까?

친구가 없어서 슬픈 고릴라

평가하기

예쁜이와 행복한 시간을 보내는 고릴라

화가 난 고릴라

놀이자료

- '우리는 친구'(앤서니 브라운 글 · 그림, 웅진주니어), 보드판, 보드마카, 녹음기, 피아노, 멜로디 악기(실로폰, 핸드벨 등), 리듬 악기(북, 우드블록 등)

놀이경험의 의미

- 각 장면마다 분위기에 알맞은 멜로디를 연상해본다.
- 곡을 만들 때 친구간 서로 다른 생각을 존중한다.
- 리듬악기를 활용하여 다양한 리듬을 만든다.
- 서로 다른 멜로디를 연결하여 곡을 완성한다.

누리과정 관련 내용

- 예술경험 〉 아름다움 찾아보기 〉 예술적 요소에 관심을 갖고 찾아본다.
- 사회관계 〉 더불어 생활하기 〉 서로 다른 감정, 생각, 행동을 존중한다.
- 예술경험 〉 창의적으로 표현하기 〉 신체, 사물, 악기로 간단한 소리와 리듬을 만들어 본다.
- 예술경험 〉 예술 감상하기 〉 서로 다른 예술 표현을 존중한다.

1. 동화책 배경음악 만들어 봐요

1-3. 피피티 동화에 음악을 넣어요

알아보기

"피피티 동화 봐봐."
"화살표 눌러봐. 그럼 다음 페이지로 넘어가"
"여기다 여기 페이지! 고릴라 슬픈거!"
"우리가 만든 음악을 여기에 넣어야겠다."
"또 고릴라가 행복해하는 여기도!"

- 피피티 화면 중 음악을 넣자는 장면을 골랐구나.
- 피피티에서 소리를 표현하는 아이콘을 찾아보겠니? 어디 있을까?
- 클릭해 보자. 컴퓨터에서 어떤 표시가 나오는지?

활동하기

- 컴퓨터 바탕화면에 너희들이 만든 곡을 저장해놨어. 찾았니?
- 그 음악을 클릭하면 피피티 동화에 🔈 표시가 뜨는구나.

🔈 친구가 없어서 슬픈 고릴라

활동하기

예쁜이와 행복한 시간을 보내는 고릴라

화가 난 고릴라

평가하기

"처음부터 보면서 음악이 잘 들어가 있는지 봐요."
"그림 보다가 어떻게 해야 음악이 나오지? 저절로 나오나?"

- 자동으로 화면이 넘어가게 정해서 피피티 그림책을 볼 수 있어.
- 음악을 들으려면 🔈 표시를 클릭하면 돼.

놀이자료

- '우리는 친구' PPT 동화, 컴퓨터

놀이경험의 의미

- 피피티 동화에 음원을 삽입하여 함께 보고 들을 수 있다.
- 친구와 협동하여 문제를 해결한다.

누리과정 관련 내용

- 자연탐구 〉 생활 속에서 탐구하기 〉 도구와 기계에 대해 관심을 가진다.
- 사회관계 〉 더불어 생활하기 〉 서로 다른 감정, 생각, 행동을 존중한다.

1. 동화책 배경음악 만들어 봐요

1-4. 음악을 들으며 그림책을 들어 보자

공유하기

"피피티 동화 들어봐요."
"소리 표시를 눌러야 음악이 나오지!"
"훨씬 듣기 좋은데?""음악만으로도 동화 장면 생각이 떠올라!"
"동생반에게도 들려주면 어때?"

- 너희들이 함께 배경음악을 만들어 보니 어땠니?
- 음악과 함께 동화를 들으니 느낌이 어때? 어떤 점이 좋았어?
- 이 그림책으로 해보고 싶은 일이 있니?
- 더 바꾸고 싶은 부분이 있니?

보완하기

"우리가 배경음악을 만든 동화책이라고 표시했으면 좋겠다."
"다른 장면에도 음악을 더 넣어서 들으면 어때?"
"이 책의 뒷이야기를 우리가 그림책으로 만들어서 길게 더 만들어도 좋을 거 같아."
"그림책과 함께 보게 음악을 같이 놔주면 또 보고 또 듣고 할 수 있겠어."

- 너희들이 바꾸고 싶은 제목을 불러주면 선생님이 받아 적어줄 수 있어.
- 그림책의 다른 장면에도 너희들이 음악을 만들어 주고 싶니?
- 뒷이야기를 무엇으로 하면 더욱 재밌는 내용이 될지 생각해 보고 다음 자유놀이 시간에 그림으로 표현해 보자.

보완하기

놀이자료

- '우리는 친구' PPT 동화, TV

놀이경험의 의미

- 배경음악과 함께 동화감상을 하며 심미적 경험을 한다.
- 배경음악을 들으며 동화책 내용을 연상해 본다.

누리과정 관련 내용

- 예술경험 〉 예술 감상하기 〉 다양한 예술을 감상하며 상상하기를 즐긴다.
- 의사소통 〉 책과 이야기 즐기기 〉 책에 관심을 가지고 상상하기를 즐긴다.

3, 4세와의 공유

- 5세 유아와 함께 활동할 경우, 동화내용을 들려주면서 PPT 슬라이드 조작을 도와주도록 한다.
- 3~4세가 흥얼거리는 목소리를 그대로 녹음하여 PPT에 삽입해도 좋다.

2. 우리 반 반가 QR코드 만들어요

(자) 유놀이 시간에 유아들이 직접 만든 반가를 부르고 있다.

"코끼리 나간다 짠짠~ 모두 다 비켜라 짠짠~♬"
"우리가 만든 코끼리반 반가라서 더 신나지?"
"내가 어제 우리 엄마한테 불러줬더니 좋아하시더라."
"우리 모두가 부르는 소리가 훨씬 듣기 좋은데."
"선생님이 반주도 해주면 더 좋고."
"그래그래. 합창하는 거."
"우리 모두가 집을 돌아다니며 모든 엄마아빠한테 들려줄까?"
"핸드폰으로 우리가 부르는 모습을 영상으로 보내주면 되지 않나?"
"유치원에 엄마아빠들을 모두 초대해서 노래 선물할까?"

유아들은 ……

관찰 1
유아들이 직접 창작한 반가를 합창하는 것을 즐거워한다.

관찰 2
유아들이 부모들에게 자신이 창작한 반가를 합창하는 음원을 들려주고 싶어 한다.

⬇⬇⬇⬇

유아 주도 놀이	창의융합 사고의 단계					
	관심 갖기	알아 보기	활동 하기	평가 하기	보완 하기	공유 하기
2-1. 우리 반 반가를 영상 촬영해요						
2-2. QR코드에 우리 반 반가를 넣어볼래요						
2-3. 가정통신문에 우리 반 반가 QR코드 알릴래요						

2. 우리 반 반가 QR코드 만들어요

2-1. 우리 반 반가를 영상 촬영해요

관심갖기	“반주 틀어봐~ 반가 같이 부르자.” “반가를 함께 부르니까 신난다!” “내가 더 크게 불러야지!” “○○야. 너도 와서 불러!” • 지난 시간에 너희들이 함께 만든 반가가 무척 마음에 드나보다. • 혼자 부르는 것보다 합창을 하니까 더욱 신나니? “나 어제 엄마한테 불러줬다!” “나도 오늘 엄마아빠한테 불러줘야겠다.” “우리가 합창하는 소리가 더 듣기 좋은데!” “엄마아빠 모두를 유치원에 초대할까?” “우리 아빠는 요즘 바쁘셔. 안 돼.” “핸드폰으로 찍어서 보내드릴까?” “누가 보내지?” • ○○는 어머니한테 불러드렸어? 무척 좋아하셨겠다. • 합창하는 소리를 들려드리고 싶구나? 동영상 촬영을 하고 싶니? 선생님이 촬영하는 것을 도와줄게.

활동하기

"○○, △△야..........얘들아 모두 와봐."
"반가 부르는 거. 동영상 찍자."
"내가 반주 틀게. 선생님이 찍어주신대."
"코끼리 나간다~ 짠짠~♬"
"북도 같이 치면서 합창하면 어때?"
"북은 내가 칠게."
"짠짠! 거기서 북을 세게 치자."

- 북은 어느 부분에서 어떻게 치면 좋을까?
- 촬영한 동영상을 보겠니? 마음에 드니?
- 바꾸어 보고 싶은 부분이 있니?

놀이자료
- 반주음원, 피아노, 가사판, 북(카혼), 핸드폰(태블릿 PC), 블루투스 스피커

놀이경험의 의미
- 여러 친구들과 목소리를 맞추어 신나게 합창한다.
- 노래에 어울리게 리듬악기를 리드미컬하게 연주할 수 있다.

누리과정 관련 내용
- 의사소통 〉 듣기와 말하기 〉 상대방이 하는 이야기를 듣고 관련해서 말한다.
- 예술경험 〉 창의적으로 표현하기 〉 노래를 즐겨 부른다.
- 예술경험 〉 창의적으로 표현하기 〉 신체, 사물, 악기로 간단한 소리와 리듬을 만들어 본다.

2. 우리 반 반가 QR코드 만들어요

2-2. QR코드에 우리 반 반가를 넣어볼래요

알아보기

"지금 찍은 걸 유치원 홈페이지에 올려주면 안되나?"
"엄마아빠 핸드폰으로 보면 편하겠다."
"핸드폰 많이 하시니까"

- 엄마아빠들이 너희가 합창하는 영상을 편하게 보실 수 있는 방법은 뭘까?
- 유치원에 있는 책인데, 표시가 있는 책이야. 이 표시를 본 적 있니?
- 유치원의 핸드폰(태블릿 PC)을 대어 볼까?

출처: 엄마 아빠와 함께 하는 율동 동요(강승연 저, 한솔수북)

"와~ 노래가 나오네요."
"가사도 보면서 노래도 들으니 좋아요."
"우리도 반가 가사랑 노래를 함께 보내드려요."
"이렇게 책처럼 해서 엄마아빠한테 주고 싶다."
"이 표시 안에 노래가 어떻게 들어갔지? 이건 어떻게 만든 걸까?"
"핸드폰을 갖다 대서 어떻게 노래가 나온 거지?"

- 이 표시를 QR코드라고 해. 컴퓨터로 옮겨가서 QR코드가 무엇인지 알아볼까?

알아보기

• QR코드를 어떻게 만드는지 검색해 볼까?

출처: https://qr.naver.com

활동하기

"컴퓨터에 뭐라고 쓰여 있어요?"
"네이버에서 가르쳐주는 순서대로 만들면 되겠다."
"아까 찍은 노래를 여기에 어떻게 넣어요?"
"이 코드 이름은.... 우리 반 반가.. 어때? "
"이미지엔 미술영역에서 그린 우리 얼굴 그림으로 넣자."

• QR코드 만드는 순서를 읽어줄게. 너희들이 말하면 받아 적어줄게.
• 코드 이름은 무엇으로 할까?
• 이 코드에 대해서 무엇이라고 설명을 달아줄까?
• 이미지는 어떤 그림을 넣어줄까? 컴퓨터에 저장된 너희들 그림에서 찾아볼까?
• 마지막으로 영상을 넣어볼까?

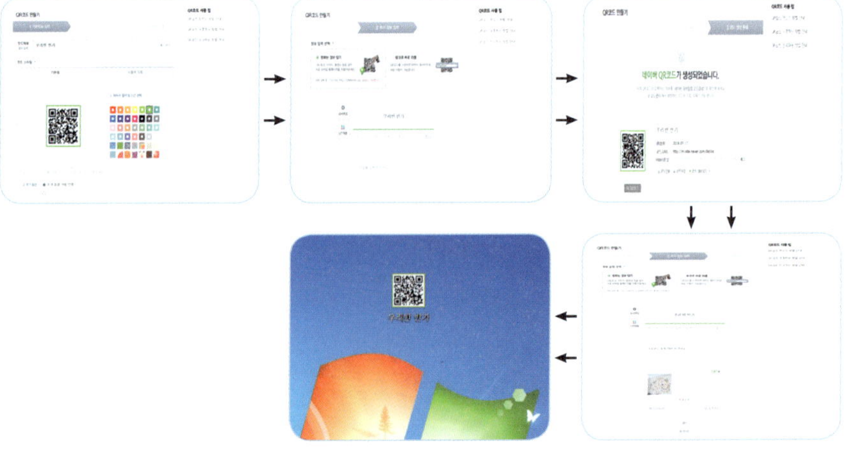

평가하기

"이렇게 핸드폰을 가까이 대어야 하죠?"
"와와~ 나온다. 근사한데!"
"신기하다~"
"빨리 엄마아빠한테 알려주고 싶어."

- 컴퓨터 바탕화면에 '우리 반 반가' QR코드를 저장해놨다!
- 유치원의 핸드폰(태블릿 PC)을 가까이 대어볼래? 잘 작동되니?
- 바꾸고 싶은 부분이 있니?

보완하기

"아까 책처럼 우리도 율동까지 넣어서 영상 찍어도 좋겠다!"
"그건 다음에 하자."
"다른 반 애들한테 보여주면 자기들도 한다고 할 거 같아."
"유치원 원가도 QR코드로 만들어 보면 좋겠다!"

- 너희들 말대로 반가에 알맞은 율동도 정해서 영상을 다시 찍어도 좋겠다!
- QR코드에 더 포함시키고 싶은 것이 있니? 코드를 바꿔서 저장할 수 있거든.

놀이자료
- 엄마아빠와 함께 하는 율동 동요(강승연 저, 한솔수북), 핸드폰(태블릿 PC), 컴퓨터

놀이경험의 의미
- QR코드는 정보를 담은 무늬임을 안다.
- 원하는 정보를 입력하여 QR코드를 생성해 본다.
- 핸드폰을 QR코드에 가까이대어 정보를 접해 본다.

누리과정 관련 내용
- 자연탐구 〉 탐구과정 즐기기 〉 궁금한 것을 탐구하는 과정에 즐겁게 참여한다.
- 의사소통 〉 듣기와 말하기 〉 상황에 적절한 단어를 사용하여 말한다.
- 예술경험 〉 창의적으로 표현하기 〉 다양한 미술재료와 도구로 자신의 생각과 느낌을 표현한다.

2. 우리 반 반가 QR코드 만들어요

2-3. 가정통신문에 우리 반 반가 QR코드 알릴래요

알아보기

"종이에다가 노랫말이랑 QR코드 넣어 보자."
"종이 위에다가 핸드폰을 가까이 대면 음악이 들릴까?"

- 우리 반 반가 악보와 QR코드를 출력해야겠구나!

활동하기

"오려서 종이 위에 붙여보자."
"QR코드에 핸드폰을 가까이 대봐봐."
"우리 한 장씩 만들어서 집에 갖고 가서 엄마아빠에게 드려도 되겠다!"
"자기 거 한 장씩 하기야?"

- 금요일마다 선생님이 너희들에게 무엇을 나눠주니?
- 너희들이 종이에 작업한 것을 가정통신문에 넣어도 깔끔하게 완성되겠는걸?

보완하기

"한 명이 한 장씩 안 해도 되겠다! 미술영역에서 한 것을 컴퓨터에서 하자."
"가정통신문 어디에다가 우리 것을 넣으면 돼요?"
"우리도 선생님들처럼 뭐라고 말로 더 설명을 넣어야겠다. 음~"
"이렇게 넣어주세요. 우리가 만든 코끼리 반 반가입니다. QR코드도 우리가 만들었어요."
"엄마아빠 핸드폰을 QR코드에 가까이 대세요. 영상이 보입니다. 잘 들어 보세요."

- 컴퓨터 바탕화면에 이번 주 가정통신문을 띄워 놓을게.
- 바탕화면에 반가 악보랑 QR코드가 저장되어 있어.
- 가정통신문의 어느 부분에 넣을까? 여기에 엄마아빠에게 이것에 대해 어떻게 설명을 더 넣을까? 말해주면 선생님이 받아 적어줄게.

공유하기

"두 밤 자면 금요일이니까 우리에게 나눠 주세요!"
"벽에 붙여서 다른 반 친구들과 동생 반에게도 듣게 해주자."
"애들이 엄청 신기해하겠다. 그치?"

대한 2019-30

코끼리 반에서 알려드립니다

tel: 02) 399-0000 http://cafe.naver.com/daehankids

코끼리 반 담임 서 은 빈

안녕하십니까? 날씨가 쌀쌀해지면서 감기에 걸리는 어린이가 많습니다. 귀가 후 손과 발 등을 깨끗이 씻고 양치질을 할 수 있도록 지도해 주시기 바랍니다.

◈ 우리 반 반가를 만들었어요.

코끼리 반 아이들이 반가를 만들었습니다. 합창하는 모습을 동영상으로 촬영하여 QR코드도 생성했습니다. 친구와 음악도 창작하고 합창하며 공유하는 과정을 통하여 창의적이고 즐거운 경험이 되었습니다.

공유하기

엄마아빠! 우리가 만든 코끼리 반 반가입니다. QR코드도 우리가 만들었어요.
핸드폰을 QR코드에 가까이 대어 보세요.
영상이 보입니다. 잘 들어 보세요.

--- 중략 ---

2019. 11. 10

대 한 유 치 원 장

놀이자료

- 흰 종이, 풀, 반가 악보, QR코드 출력물, 컴퓨터, 프린터기, 가정통신문

놀이경험의 의미

- QR코드가 함께 제공되면 정보 전달이 효과적임을 안다.
- 다른 사람과 정보를 공유하는 것을 즐긴다.

누리과정 관련 내용

- 자연탐구 〉 생활 속에서 탐구하기 〉 도구와 기계에 대해 관심을 가진다.
- 의사소통 〉 듣기와 말하기 〉 상대방이 하는 이야기를 듣고 관련해서 말한다.
- 예술경험 〉 창의적으로 표현하기 〉 다양한 미술재료와 도구로 자신의 생각과 느낌을 표현한다.

3, 4세와의 공유

- 복도 벽에 반가 악보와 QR코드를 부착하여 유치원(선생님) 핸드폰으로 영상을 보도록 돕는다.

3. 리듬패드 앱을 활용하여 리듬을 만들어요

(자) 유놀이 시간에 밖에 비가 후두둑 떨어지자 놀이하면서 '비가 온다' 노래를 부르기 시작하자 여러 명이 따라 부르고 있다.

"비가 온다 둑둑 비가 온다 둑둑"
"(나무 블록을 치며) 비가 온다 둑둑 비가 온다 둑둑 두두둑 두두둑 두두둑 두두둑 갑자기 비가 온다. 좍~좍~두둑둑 좍~좍~ 두두둑 갑자기 비가 온다."
"개가 운다 끙끙 개가 운다 끙끙 개가 운다 낑낑 개가 운다 낑낑 끄그긍 끄그긍 깨개갱 깨개갱 무서워서 개가 운다~♬"
"한 번 더 부르자."
"우리 둘이 앞에 부를게, 뒤는 너희들이 불러."
"나무 블록을 또 쳐도 돼?"
"두두둑! 할 때 블록을 치니까 비가 더 많이 오는 거 같다."

유아들은 ……

관찰 1
비가 내리자 빗소리를 듣고 이전에 배운 '비가 온다'를 부른다.

관찰 2
유아들이 빗소리 의성어에 맞춰 나무 블록으로 리듬을 만든다.

↓↓↓↓

유아 주도 놀이	창의융합 사고의 단계					
	관심 갖기	알아 보기	활동 하기	평가 하기	보완 하기	공유 하기
3-1. 빗소리에 '비가 와요' 노래 불러요						
3-2. 리듬패드 앱 리듬 연주를 녹음해요						
3-3. 리듬패드 앱과 리듬 악기랑 즉흥연주해요						

3. 리듬패드 앱을 활용하여 리듬 만들어요

3-1. 빗소리에 '비가 와요' 노래 불러요

관심갖기

"비가 온다 둑둑 비가 온다 둑둑"
"비가 온다 둑둑 비가 온다 둑둑 두두둑 두두둑 두두둑 두두둑 갑자기 비가 온다. 좍~좍~두둑둑 좍~좍~ 두두둑 갑자기 비가 온다."
"우리 같이 빗소리랑 같이 부르니까 좋다."

- ○○가 부르기 시작하니 여러 사람이 같이 불렀네. 선생님도 따라 불렀네!
- 두두둑! 빗소리에 맞춰서 △△가 나무 블록을 두드렸네. 빗소리가 경쾌하게 들리는 것 같다!

출처: 섬진강 아이들이 쓰고 백창우가 만든 노래(백창우 저, 보리)

알아보기

"한 번 더 부르자."
"우리 둘이 앞에 부를게, 뒤는 너희들이 불러."
"나무 블록을 또 쳐도 돼?"
"나도 책상 위를 두드려야지."

- 신나서 한 번 더 부르려고?
- 블록으로 둑둑! 두두둑! 음길이를 똑같게 두드릴 거니? △△는 어떻게 음길이를 다르게 해보고 싶니? □□는?

"개가 운다 끙끙 개가 운다 끙끙 개가 운다 낑낑 개가 운다 낑낑 끄그긍 끄그긍 깨개갱 깨개갱 무서워서 개가 운다~♬"
"우리~ 둑둑! 끙끙!은 블록으로 두 번만 치자."
"그러면 두두둑! 끄그긍!은 마음대로 치고?"

- 둑둑! 끙끙!은 짧게 두 번을 치는 게 어울리니?
- 두두둑! 끄그긍!은? 원래의 음길이에 맞춰서? 짧게 이어서 여러 번 치는 것이 어울려?

놀이자료
- 음원 CD, CD플레이어, 핸드폰(태블릿 PC), 음악연주 앱 리듬패드, 블루투스 스피커, 나무블록

놀이경험의 의미
- 노래 분위기에 어울리는 다양한 리듬을 다양한 도구로 만들 수 있다.
- 친구와 여러 방법으로 노래부르고 연주할 수 있다.

누리과정 관련 내용
- 예술경험 〉 창의적으로 표현하기 〉 신체나 도구를 활용하여 움직임과 춤으로 자유롭게 표현한다.
- 사회관계 〉 더불어 생활하기 〉 친구와 서로 도우며 사이좋게 지낸다.

3. 리듬패드 앱을 활용하여 리듬 만들어요

3-2. 리듬패드 앱 리듬 연주를 녹음해요

알아보기

"두 손으로 두들기며 노래 부르니 딱 좋다."
"음률영역 가서 악기를 더 갖고 오자."
"카혼 어때? 북 가져갈까? 캐스터네츠도 좋네."

- 두 손으로 두드릴 악기들을 잘 찾아왔구나!
- 리듬 악기말고도 연주할 수 있는 방법이 또 있나? 검색해 볼까?
- 유치원 핸드폰(태블릿 PC)에서 검색해 볼까?

"연주!로 찾아봐요. 리듬이요! 음악 연주요!..."
"여러 개가 있네요?"
"어떤게 제일 좋을까?"
"맨 위에 거 눌러봐요."

- 리듬패드라는 음악연주 앱이 쉽고 좋다고 쓰여 있네. 눌러볼까?

활동하기

"다운받아요!"
"다운완료~ 차례대로 해보자."
"8개 칸이네. 다 소리가 달라. 너도 해봐."
"두 개를 한꺼번에 눌러봐야지."
"드럼 치는 거 같아. 쿵쿵 따리 쿵쿵쿵..."
"○○야, 계속 해봐. 비가 온다 둑둑 비가 온다 둑둑 두두둑 두두둑 두두둑 두두둑 갑자기 비가 온다. ♬"
"나도 나도 해볼래! 너희들이 노래를 불러줘."

출처: rhythm pad application

- 한 명씩 차례대로 리듬패드 앱을 다뤄봐.
- 모두 다른 리듬으로 연주하는구나!

"이거 저장이 되나?"
"여러 개가 있네?"
"맨 위에 거 눌러봐. 아래를 눌러야 하나? 영어라서 모르겠어."

활동하기

- 앱 화면의 아랫부분에 녹음 기능이 있네. 녹음해 볼까?
- 영어로 되어 있으니 선생님이 우리나라 말로 도와줄게.
- 녹음 시작하기! 제목은 무엇이라고 쓸까? 문자(메일, 카카오톡)로 보낼 수 있는데 어디로 보내서 함께 들어볼까?

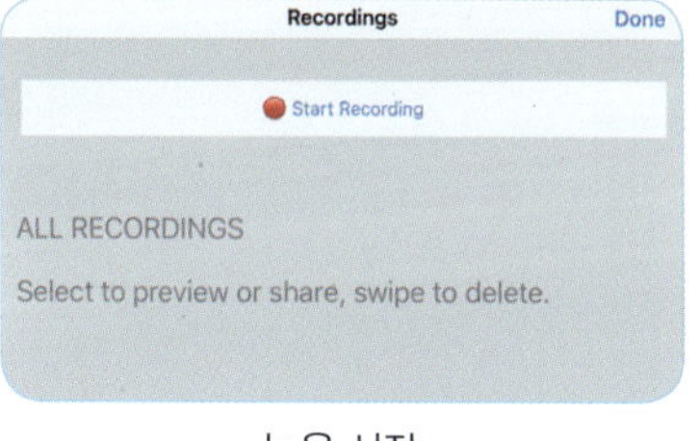

녹음 시작

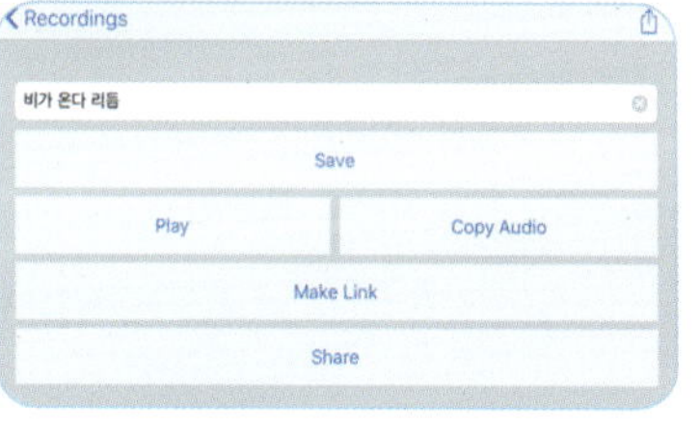

제목 입력 및 Share(공유)

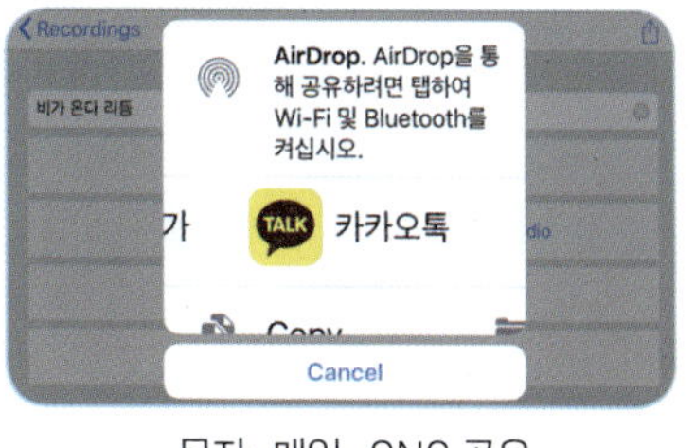

문자, 메일, SNS 공유

"○○ 거 틀어봐주세요."
"이번엔 □□ 것도 들어 보자."
"드럼 소리 같아. 팡팡팡 팡 팡파파파파파~"
"내 것도 들어 보자~"
"우리 다 달라서 좋다. 노래랑 어울려. 그치?"

평가하기

- 컴퓨터 바탕화면에 너희 이름으로 저장했단다.
- 너희가 한명씩 리듬 녹음한 것을 들어 보니 어때? 어떤 악기와 소리가 비슷하니?
- 음길이가 모두 다른데, 너희들 말대로 '비가 온다' 노래를 더욱 흥겹게 해주는구나!

놀이자료
- 음원 CD, CD플레이어, 핸드폰(태블릿 PC), 음악연주 앱 리듬패드, 블루투스 스피커, 리듬악기, 컴퓨터

놀이경험의 의미
- 개발된 컴퓨터 애플리케이션이 다양함을 안다.
- 자신이 원하는 컴퓨터 앱을 검색해 볼 수 있다.
- 컴퓨터 앱을 활용하여 신나게 리듬연주한다.

누리과정 관련 내용
- 자연탐구 〉 탐구과정 즐기기 〉 궁금한 것을 탐구하는 과정에 즐겁게 참여한다.
- 자연탐구 〉 생활 속에서 탐구하기 〉 도구와 기계에 대해 관심을 가진다.
- 예술경험 〉 창의적으로 표현하기 〉 신체, 사물, 악기로 간단한 소리와 리듬을 만들어 본다.

3. 리듬패드 앱을 활용하여 리듬 만들어요

3-3. 리듬패드 앱과 리듬 악기랑 즉흥연주해요

활동하기

"옆에 있는 북 줘볼래?"
"왜? 녹음한 것과 함께 하게?"
"응."
"나도 하게 해주라~ 난 캐스터네츠로 해야겠다."
"야~ '비가 온다' 같이 부르자."
"난 녹음한 거 틀을게."
"나랑 이번엔 바꿔서 하자."

- 리듬 녹음한 것과 다르게 리듬악기로 함께 연주하면 소리가 풍성해지겠어!
- 선생님도 카혼으로 연주해도 되니?

공유하기

"다른 친구들에게 들려주자."
"동생반에게도 들려주고싶다."
"나 종일반하는데 그때 들려줘야지."
"다른 선생님들에게도 들려주자."

- 종일반에서 다른 친구와 동생들에게 들려줘도 좋겠다
- 그 아이들도 리듬패드를 두드리고 싶다고 말하면 어떻게 하지?

"선생님~ 집에 가서 엄마아빠랑 또 해보고 싶어요."
"네~ 나도요~ 집에 가서 앱으로 연주 같이 해볼래요."
"순서를 까먹지 않게 하려면 어떻게 하지?"
"그림으로 그려놓으면 다른 친구에게도 알려주기 좋겠네."
"여기 컴퓨터로 해서 출력하면 어때?"

공유하기

- 엄마아빠에게도 리듬패드로 연주하는 걸 알려드리고 싶어?
- 너희들이 해온 순서대로 캡처해놨어.
- 너희들이 말해주는 대로 받아 적는 것을 도와줄 수 있어.

1

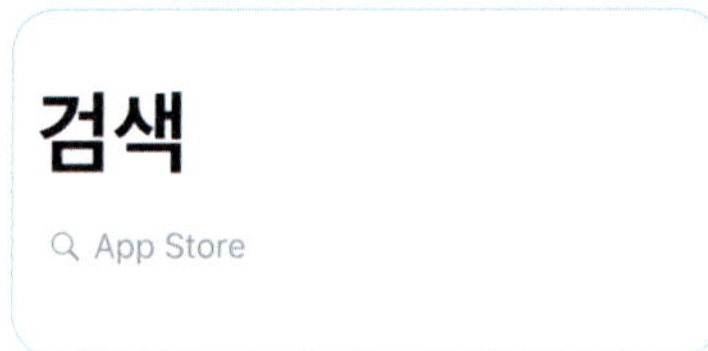

2

3

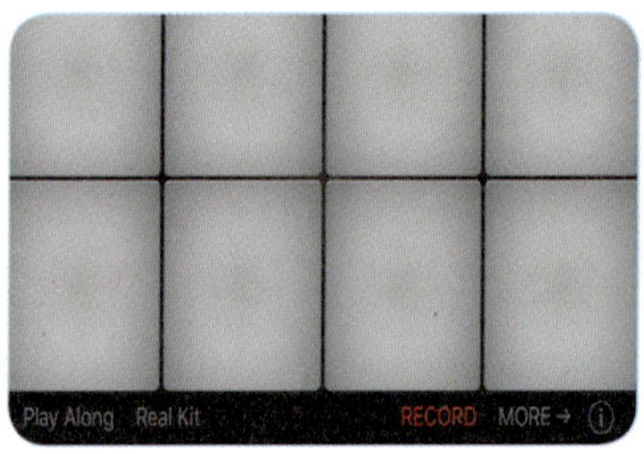

4

5

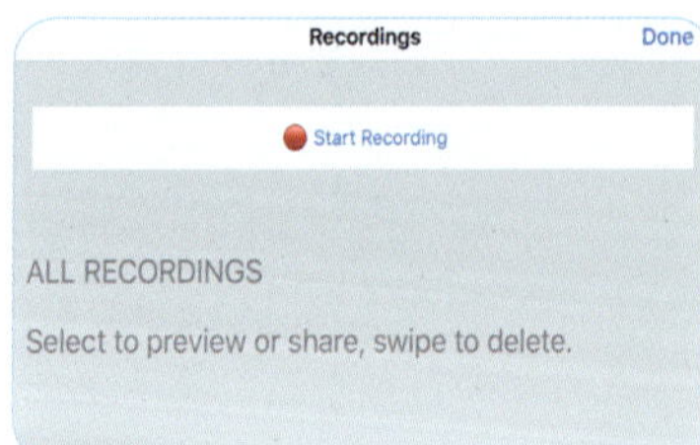

6

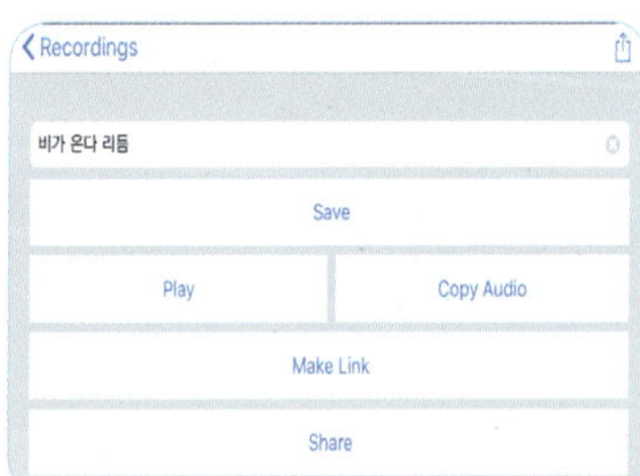

7

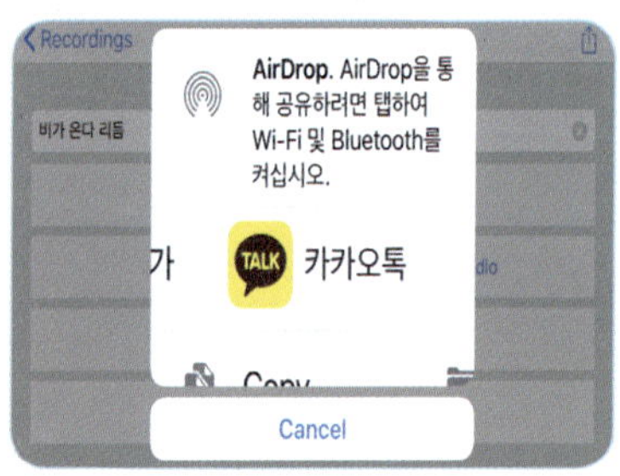

8

놀이자료

- 음원 CD, CD플레이어, 핸드폰(태블릿 PC), 음악연주 앱 리듬패드, 블루투스 스피커, 리듬악기, 컴퓨터, 프린터기

놀이경험의 의미

- 다른 사람과 즐겁게 즉흥연주해 본다
- 다른 사람과 공유하는 방법이 다양함을 이해한다.

누리과정 관련 내용

- 사회관계 〉 더불어 생활하기 〉 친구와 서로 도우며 사이좋게 지낸다.
- 예술경험 〉 창의적으로 표현하기 〉 신체, 사물, 악기로 간단한 소리와 리듬을 만들어 본다.

3, 4세와의 공유

- 리듬패드 앱이 설치된 유치원(선생님) 핸드폰을 종일반에 제공하여 만 5세 유아가 동생반에게 알려주어 리듬을 만드는 것을 돕는다.

4. '팥죽할멈과 호랑이' 마당극놀이해요

팥죽할멈 옷과 호랑이 소품을 갖추고 역할놀이를 하고 있다.

"팥죽 한 그릇 주면 안 잡아먹지~"
"아이고 무서워라. 이 못된 호랑이야."
"내가 올 때까지 팥죽을 다 쑤어놓고 있어라~"
"나도 호랑이 해 보고 싶다! 나도 하면 안 돼?"
"나두 나두. 시켜주라~ 우리~호랑이 여러 마리로 하자."
"여러 마리 나올 때.. 잠깐만...북도 갖고 올게."
"호랑이가 많이 나올 때 두두두둥 하면 할머니가 더 무서워서 팥죽을 얼른 끓이겠는데?"
"이제 됐어. 호랑이들이 나와 봐봐. (둥~ 두둥~ 둥~ 두둥~~)"
"할멈~ 팥죽 한 그릇 주면 안 잡아먹지~"

유아들은 ……

관찰 1
유아들이 역할을 맡아 극놀이하는 것을 즐거워한다.

관찰 2
유아들이 음향효과 등의 요소를 추가하여 극놀이를 하고자 한다.

↓↓↓↓

유아 주도 놀이	창의융합 사고의 단계					
	관심 갖기	알아 보기	활동 하기	평가 하기	보완 하기	공유 하기
4-1. '팥죽할멈과 호랑이' 마당극놀이 대본 만들어요						
4-2. '팥죽할멈과 호랑이' 마당극놀이 계획해요						
4-3. '팥죽할멈과 호랑이' 마당극놀이 함께 해요						

4. '팥죽할멈과 호랑이' 마당극놀이해요

4-1. '팥죽할멈과 호랑이' 마당극놀이 대본 만들어요

관심갖기

"팥죽 한 그릇 주면 안 잡아먹지~"
"아이고 이 못된 호랑이야!"
"팥죽 한 그릇 내놔라. 팥죽 주면 안 잡아먹지~"
"나두 호랑이 하자~ 팥죽 한 그릇 내놔라."
"둥둥둥둥~두둥~ 어흥~ 나한테도 팥죽 한 그릇 줘라."
"아이고~ 이 못된 호랑이들."

- 여러 명이 호랑이를 하는 것을 즐거워하는구나.
- 여러 명이 하다 보니 마당극놀이 하는 것 같네!

알아보기

"동생반 때 형아들이 마당극놀이 보여준 거 생각난다."
"아~ 생각나! 우리도 해 볼까?"
"호랑이 하고 싶다는 사람이 많으니 재미있을 거 같아."
"형아들 다 춤도 췄지?"
"아 맞다. 노래도 부르고!"
"○○ 선생님이 장구도 쳐주고."

- 마당놀이에는 무엇이 나오니? (이야기, 춤, 놀이, 악기연주 등)
- '팥죽할멈과 호랑이'를 마당놀이로 하려면 무엇을 해야 할까?
- 대본을 너희들이 다시 만들어야겠다. 선생님이 동화 내용을 생각하며 대본 만드는 것을 도와줄 수도 있어. 너희들의 말을 받아 적어줄게.

"처음은.... 세상에서 가장 맛있는 팥죽을 쑤는 할머니가 있었어요. 라고 하자."
"무시무시한 호랑이가~"
"으르렁 거리며 말했어요. 팥죽 한 그릇 주면 안 잡아먹지."
"할머니는 못된 호랑이! 라고 소리쳐요."
"이렇게 맛있는 팥죽을 호랑이에게 다 줘야 하다니! 이러면서요."
"밤톨 하나가 떼구루루 굴러 왔어요."
"할머니, 왜 울고 계세요?"

활동하기

- 제일 처음 누가 나왔어? 할머니는 무엇을 하고 있었니?
- 그때 누가 나타났니? 호랑이는 할머니에게 뭐라고 했어?
- 할머니를 도와주려고 누가 나타났니?
- 밤톨(자라, 물찌똥, 맷돌, 멍석, 지게)는 어떤 모습으로 할머니를 찾아왔니?
- 할머니에게 뭐라고 말했니? 그리고 어디에 숨어서 기다렸니?
- 추운 겨울이 되자 호랑이가 나타나 할머니에게 뭐라고 말했니?
- 할머니는 호랑이에게 뭐라고 말했지? 그래서 호랑이는 어떻게 했니?
- 그때 누가 호랑이를 공격했니?
- 밤톨(자라, 물찌똥, 맷돌, 멍석, 지게)이 호랑이에게 한 행동을 어떻게 표현하면 좋을까?
- 그래서 결국 어떻게 되었니?

해설: 옛날 옛날에 태양 마을에서 세상에서 가장 맛있는 팥죽을 쑤는 할머니가 있었어요. 그러던 어느 날! 할머니 집에 무시무시한 호랑이가 으르렁거리며 말했어요.
호랑이: 팥죽 한 그릇주면 안 잡아먹지!
할머니: 저 못된 호랑이!
해설: 이렇게 맛있는 팥죽을 호랑이에게 다 줘야 하다니 아이고 분해라!
호랑이: 내가 다시 올 때까지 팥죽을 쑤어놓고 있어라!
해설: 호랑이가 떠나간 뒤 할머니는 울고 있었어요.
그때 밤톨 하나가 떼구루루 굴러 와 물었어요.
밤톨: 할머니, 할머니, 왜 울고 계세요?

활동하기	할머니: 못된 호랑이가 팥죽을 주지 않으면 나를 잡아먹겠대. 밤톨: 팥죽 한 그릇 주면 호랑이를 쫓아주지. 해설: 할머니가 팥죽을 퍼 줬어요. 팥죽 한 그릇 뚝딱 먹어 치운 밤톨은 떼구루루 아궁이 속으로 굴어 들어갔지요. 자라가 엉금엉금 찾아와 물었어요. 자라: 할머니, 할머니, 왜 울고 계세요? 할머니: 못된 호랑이가 팥죽을 주지 않으면 나를 잡아먹겠대. 자라: 팥죽 한 그릇 주면 호랑이를 쫓아주지. 해설: 할머니가 팥죽을 퍼 줬어요. 팥죽 한 그릇 뚝딱 먹어 치운 자라는 펄쩍 뛰어 부엌 바닥에 내려앉았어요. 물찌똥이 스르르 기어 와서 물었어요. 물찌똥: 할머니, 할머니, 왜 울고 계세요? 할머니: 못된 호랑이가 팥죽을 주지 않으면 나를 잡아먹겠대. 물찌똥: 팥죽 한 그릇 주면 호랑이를 쫓아주지. 해설: 할머니가 팥죽을 퍼 줬어요. 팥죽 한 그릇 뚝딱 먹어 치운 물찌똥은 부엌문 옆으로 스르르 기어가 숨었지요. 쿵쿵쿵 맷돌이 뛰어와 물었어요. 맷돌: 할머니, 할머니, 왜 울고 계세요? 할머니: 못된 호랑이가 팥죽을 주지 않으면 나를 잡아먹겠대. 맷돌: 팥죽 한 그릇 주면 호랑이를 쫓아주지. 해설: 할머니가 팥죽을 퍼 줬어요. 팥죽 한 그릇 뚝딱 먹어 치운 맷돌은 펄쩍 뛰어 부엌 바닥에 내려앉았어요. 멍석이 둘둘둘 굴러 와서 물었어요. 멍석: 할머니, 할머니, 왜 울고 계세요? 할머니: 못된 호랑이가 팥죽을 주지 않으면 나를 잡아먹겠대. 멍석: 팥죽 한 그릇 주면 호랑이를 쫓아주지. 해설: 할머니가 팥죽을 퍼 줬어요. 팥죽 한 그릇 뚝딱 먹어 치운 멍석은 둘둘둘 마당으로 나가 누웠어요. 다음에는 뒤뚱뒤뚱 지게가 달려왔어요. 지게: 할머니, 할머니, 왜 울고 계세요? 할머니: 못된 호랑이가 팥죽을 주지 않으면 나를 잡아먹겠대. 지게: 팥죽 한 그릇 주면 호랑이를 쫓아주지. 해설: 할머니가 팥죽을 퍼 줬어요. 팥죽 한 그릇 뚝딱 먹어 치운 지게는 뒤뚱뒤뚱 달려가 마당 귀퉁이에 섰지요. 밤톨은 아궁이 속에 맷돌은 부엌 바닥에, 동아줄은 부엌문 옆에, 멍석은 마당에, 지게는 마당 귀퉁이에, 할머니는 방 안에 숨었어요. 집안이 조용해졌지요. 밤이 되었어요. 저벅저벅 호랑이가 찾아왔어요.

활동하기	호랑이: 할멈, 할멈, 팥죽 어디 있나? 할머니: 부엌 안에 있으니 찾아 먹으렴. 해설: 부엌 안은 너무 어두워서 아무것도 보이지 않았어요. 호랑이가 부엌 안에 들어서자 밤톨이 튀어 올라 눈을 따악! 때렸어요. 호랑이는 눈이 너무 아파서 물동이에 손을 넣자 자라가 그만 손을 물어버렸어요. 호랑이: 으악! 호랑이 살려. 해설: 호랑이가 도망가려고 껑충껑충 뛰던 호랑이는 쿵 하고 마당에 넘어졌어요. 마당에 깔려 있던 멍석이 호랑이를 둘둘둘 말았어요. 호랑이가 멍석 속에서 소리쳤어요. 호랑이: 아이코, 호랑이 살려. 모두: 야호! 호랑이를 물리쳤다. 해설: 호랑이를 물리친 할머니와 밤톨, 자라, 물찌똥, 맷돌, 멍석, 지게는 가마솥에 둘러앉아 팥죽을 맛있게 먹기로 했답니다.

놀이자료
- 팥죽할멈과 호랑이(박윤규 저, 시공주니어), 융판, 마카, 마당극놀이 소품, 정리바구니, 장구, 북, 책상

놀이경험의 의미
- 마당놀이를 구성하는 요소는 이야기, 춤, 놀이, 악기연주 등이 있음을 이해한다.
- 마당극놀이를 위하여 동화 내용을 각색할 수 있다.

누리과정 관련 내용
- 의사소통 〉 책과 이야기 즐기기 〉 말놀이와 이야기 짓기를 즐긴다.
- 예술경험 〉 창의적으로 표현하기 〉 극놀이로 경험이나 이야기를 표현한다.

4-2. '팥죽할멈과 호랑이' 마당극놀이 계획해요

"옆 반 친구들에게 보여주자. "
"동생 반한테도 보여주고 싶다~"
"마당극놀이니까 장구로 안녕 안녕 안녕하세요~ 얼쑤~ 인사하자."
"호랑이가 나올 때 어흥~하면서 몸을 이렇게 흔들흔들 춤추면서 나오기로 하자."
"앞산에서 어흥~ 뒷산에서 어흥 ♬..."
"할머니가 슬퍼할 때 아이코 아이코 하면서 바닥을 치면 어때? 다 같이 바닥 치자."
"팥죽 쑤는 그릇을 여기에 놓는다고 바닥에 표시하자. 테이프로!"
"팥죽 먹을 때 우리 동그랗게 앉아서 ♬ 가마솥에 팥~ 죽! 으로 노래하자."
"♬ 가마솥에 팥~ 죽! 새알심 넣어서 후루룩 후루룩 불어서 맛있게 먹자~~♪"

활동하기

- 손님들이 오면 먼저 무엇을 할까? 어떻게 인사할까? 장구와 함께 인사해 볼까?
- 너희는 무슨 장구를 치며 인사를 할 거니?
- 호랑이가 나오는 장면에 어울리는 노래가 있을까?
- 춤도 출 수 있을까? 어떻게 춤을 추면 좋을까?
- 할머니가 슬퍼하는 장면에서 우리가 다 함께 걱정해주면 할머니 마음이 어떨까? 뭐라고 말하면 좋을까?
- 다함께 팥죽을 먹을 때 어울리는 놀이가 있을까?
- 할머니는 팥죽을 어디에 쑤었니? 어떻게 쑤었을까?

활동하기

"나! 호랑이 할래? 호랑이 더 할 사람?"
"호랑이들은 호랑이발을 손에 다 끼고 춤추자. 더 신날 거야."
"나 할멈 하고 싶어."
"아궁이는 책상으로 하자. 그 밑에 가서 숨으면 어때?"
"떡은 책상 위에 두자."

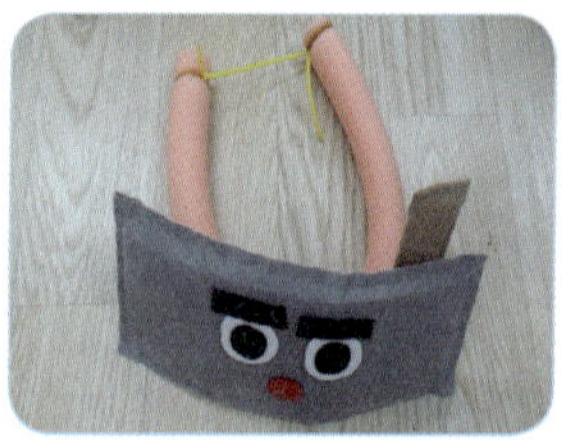
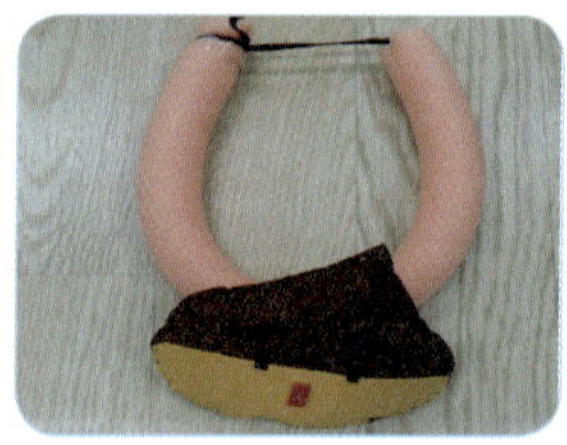

- 너희들이 앉을 곳에 테이프로 붙여서 표시해줄게.
- 선생님도 역할을 맡아서 같이 해도 되니? 해설과 장구는 선생님이 도와줄게.

놀이자료
- 팥죽할멈과 호랑이 극본, 장구, 음악 CD(호랑장군), 춤 자료(호랑이 발), 할멈 옷, 역할머리띠, 책상, 가마솥

놀이경험의 의미
- 등장인물은 상황에 따라 감정과 대사 표현이 다름을 안다.
- 마당극놀이를 위해 대본에 어울리는 춤과 노래를 창작할 수 있다.

누리과정 관련 내용
- 사회관계 〉 더불어 생활하기 〉 서로 다른 감정, 생각, 행동을 존중한다.
- 예술경험 〉 창의적으로 표현하기 〉 신체나 도구를 활용하여 움직임과 춤으로 자유롭게 표현한다.

4-3. '팥죽할멈과 호랑이' 마당극놀이 함께 해요

활동하기

"우리 연습해 보자. 장구장단에 맞춰 손님에게 인사하자. 안녕~ 안녕~ 안녕하세요."
"이제 옆 반 친구들이 온대. 떨려."
"우리 호랑이들 다 나가야 해."
"앞산에서 어흥! 뒷산에서 어흥~♬..."
"야~ 네 차례잖아. 나가야지."

출처: K유치원

- 연습을 해봤으니 손님들을 초대해도 될까?
- 너희들 중 누가 핸드폰(태블릿 PC)으로 마당극놀이를 촬영해주겠니?

공유하기

"옆 반 친구들과 동생 반에게도 마당극놀이를 보여줘요!"
"손님이 되어 같이 해줘."
"손님들은 동그랗게 앉아."
"아이코 아이코 하면서 바닥을 다 같이 쳐."
"♬ 가마솥에 팥~ 죽! 새알심 넣어서 후루룩 후루룩 불어서 맛있게 먹자~~♪"

공유하기

평가하기

"손님과 함께 춤을 춰보니 정말 좋았어."
"손님들이 우리 마당극놀이 보고 좋아해주니까 기쁘더라."
"나 잘했다고 칭찬해주니까 지금 기분이 너무 좋은 걸."
"배경도 있으면 좋겠어."

- 너희가 직접 마당놀이를 해 보니 어땠니?
- 어떤 부분이 마음에 들었니? 혹시 아쉬운 부분도 있니?
- 어떻게 하면 더 재미있고 마음에 들 것 같니?

공유하기

"아까 핸드폰으로 찍은 거 봐요~"
"유투브에도 올릴 수 있나?"
"우리 반 이름으로 올리자. 마당극놀이 제목도 쓰고."
"다른 유치원 아이들도 보게."
"△△야. 너 꿈이 유투버 아니야?"

- ㅇㅇ가 핸드폰(태블릿 PC)으로 찍은 마당극놀이 영상을 유투브에 올리고 싶니?
- VLLO App을 선생님이 태블릿 PC에 저장해놨어.
- 길이가 어느 정도여야 사람들이 보기 편할까?
- 어느 장면에 설명해주는 글자를 넣을까? 효과도 넣을까?
- 편집한 영상을 다시 보자. 제목을 무엇으로 정해서 올릴까?

공유하기

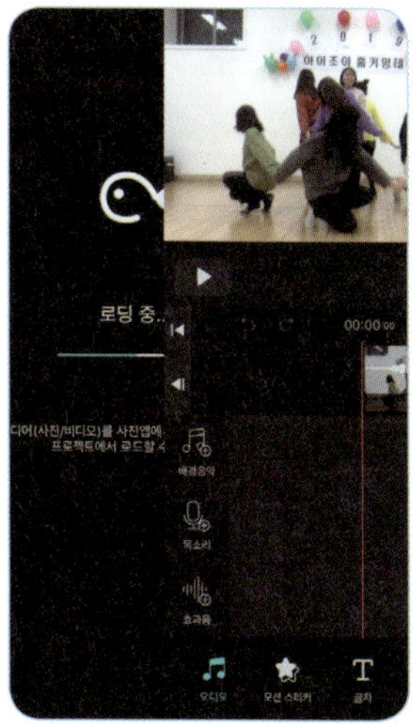

출처: VLLO Application

놀이자료

- 팥죽할멈과 호랑이 극본, 장구, 음악 CD(호랑장군), 춤 자료(호랑이 발), 할멈 옷, 역할머리띠, 책상, 가마솥, 핸드폰(태블릿 PC)

놀이경험의 의미

- 마당극놀이는 우리나라 전통놀이임을 안다.
- 배우와 관객이 다함께 마당극놀이를 할 수 있다.
- 다른 사람과 편집한 영상을 공유하기를 즐긴다.

누리과정 관련 내용

- 예술경험 〉 예술 감상하기 〉 우리나라 전통 예술에 관심을 갖고 친숙해진다.
- 예술경험 〉 창의적으로 표현하기 〉 극놀이로 경험이나 이야기를 표현한다.
- 자연탐구 〉 생활 속에서 탐구하기 〉 도구와 기계에 대해 관심을 가진다.

3, 4세와의 공유

- 5세반 마당극놀이 동영상 촬영본을 미리 보게 하여 실제 마당극놀이에 적극적으로 참여하도록 독려한다.

5. 매우 큰 책을 만들어요

(상) 품화된 큰 책을 보다가 지난 주 현장학습을 다녀왔던 ○○ 서점에 전시되었던 매우 큰 책에 대해 이야기하고 있다.

"○○ 서점에 있던 책은 엄청 컸지?"
"응. 이것보다 훨씬 더더"
"우리도 만들어 보고 싶다."
"그냥 종이에 크게 하면 찢어지고 넘어질 걸?"
"너무 큰 책이면 친구들을 더 불러야겠는데?"
"잘 만들면 팔아도 되겠다!"
"서점처럼 전시할까?"
"재미있는 글로 아주 아주 큰 책 만들자."
"우리도 파는 책처럼 뒤에 막대기 표시하자."
"막대기에 숫자도 있었지?"

유아들은 ……

관찰 1
유아들이 매우 큰 책을 만들어 보고 싶어 한다.

관찰 2
유아들이 매우 큰 책을 만들기 위한 세부 작업에 대해 이야기하고 있다.

⬇⬇⬇⬇

유아 주도 놀이	창의융합 사고의 단계					
	관심 갖기	알아 보기	활동 하기	평가 하기	보완 하기	공유 하기
5-1. 매우 큰 책은 어떻게 만들까?						
5-2. 매우 큰 책을 만들어 봐요						
5-3. 매우 큰 책에 바코드와 ISBN을 표시해요						
5-4. 매우 큰 책을 전시해요						

5. 매우 큰 책을 만들어요

5-1. 매우 큰 책은 어떻게 만들까?

관심갖기

"ㅇㅇ서점에 있는 것처럼 우리도 정말 정말 큰 책이 있었으면 좋겠다."
"우리도 ㅇㅇ서점처럼 만들어서 다른 사람한테 팔까?"
"그럼 뒤에 막대기 표시해 놓아야 해."
"우리가 그리지 뭐."
"같이 큰 책 만들 사람~ 여기 여기 붙어라~"
"몇 명 더 오라 할까? △△야, 아주 큰 책 만들래? 이리와~"

- □□반이 함께 하면 큰 책을 만들 수도 있겠네!
- 큰 책에 글과 그림을 그릴 때 몇 명이면 적당하겠니?

알아보기

"큰 종이에다 큰 책 만들까?"
"그럼 조금만 봐도 찢어지겠는데?"
"그럼 좀 딱딱한 데다 해야겠네?"
"무슨 내용으로 할까?"
"그림도 그려야 하지?"
"우리 유치원 이름 붙여서 □□출판사라고 이름 짓자."
"맨 뒤에다 막대기? 그거 뭐라고 했더라? 그거 그려 넣자."

- 여기 큰 우드락이 있는데.. 어때?
- 책 뒷면의 바코드를 말하는구나. 바코드엔 어떤 정보가 들어가 있을까?
- 바코드 밑에 알파벳으로 무엇이라고 적혀있었지? ISBN! 국제 책 번호!

• 컴퓨터로 다시 한 번 막대(바코드)와 번호(ISBN)의 뜻에 대해 알아볼까?

03810

9 788935 914074

ISBN 978-89-359-1407-4

알아보기

"전 세계에 책이 너무 많아서 번호로 정리하면 찾기 좋겠다!"

"ISBN은 13자리래. 세어 보자."

"뒤에 짧은 막대는? "

"숫자가 어렵다."

"978은 우리도 그냥 쓰자."

"우리나라 번호가 89라고 했지. 그건 넣자."

"그 다음은 출판사 번호니까....뭐로 할까? 우리유치원 전화번호 어때 725?

• 너희들이 말한 것들을 여기 융판에 적어놓을까?

• 이제 어떻게 책의 내용을 무엇으로 할 건지 이야기 나누면 되겠네. 너희들이 이야기를 들려주면 선생님이 융판에 받아 적어줄 수 있어.

활동하기

"우리가 모험하는 걸로 이야기 짓는 건 어때?"

"이야기 시작은...."

"밤에 벌어졌다고 하자."

"어디로 모험을 갈까? 뭘 타고 가나? 믿음반이니까 믿음호!"

"마법의 문이 나타났어요."

"수수께끼를 내면 우리가 맞혀야 열리는 문으로 하자."

"커다란 나라에 거인이 살았어요~"

• 동화의 처음은 무엇이라고 할까? 언제라고 할까?

• 어떤 일이 벌어졌을까?

• 그 다음은? 또? 그러자... 그런데...

활동하기

• 이야기의 마지막은 어떻게 되었다고 할까?
• 제목은 무엇으로 정할까?

제목: 믿음반의 모험

지은이: B유치원 믿음반

어느 별이 뜬 밤에 행복한 믿음호 라는 버스가 나타났습니다. 버스에 믿음반 친구들이 타고 커져라 나라로 출발했습니다.

가다보니 마법의 문이 보였어요, 마법의 문은 수수께끼로 풀어야 열리는 문이었지요. 문이 수수께끼를 내었습니다. "먹으나 안 먹으나 항상 배가 불러있는 것은?", "항아리"하고 믿음반 친구들이 대답했어요. 문이 또 "발은 발인데 향기 나는 발은?"하고 물었습니다. "꽃다발"이라고 대답하자, 문이 "이럴 수가! 내가 졌다."하며 문을 열어주었어요. 믿음반 친구들은 마법의 문으로 들어갔어요.

마법의 문으로 커져라 나라에 도착했어요. 그런데 나무, 집 모든 게 컸어요. 믿음반 친구들은 "커다란 나라는 정말 크구나! 우와!" 하며 깜짝 놀랐어요. 옆을 보니 거인이 살고 있는 성이 보였어요. 믿음반 친구들은 성으로 들어가기로 했어요.

성 안으로 들어갔더니 파티 중이었어요. 믿음반 친구들은 맛있는 음식을 먹고 춤을 추며 파티를 했답니다.

그런데 갑자기 성주인인 거인이 나타나서 "너희들은 누구냐? 당장 내 성에서 나가! 그렇지 않으면 잡아먹을 테다"하고 소리쳤어요.

그래서 마법의 알약을 먹고 작아져서 도망갔어요. 그래서 거인은 깜짝 놀랐어요.

놀이자료
• 컴퓨터, 융판, 마카, 우드락, 동화책

놀이경험의 의미
• 상품화된 책은 바코드와 ISBN에 관련 정보가 포함되어 있음을 안다.
• ISBN은 국제적인 약속이며 13자리 숫자로 구성되어 있음을 이해한다.

누리과정 관련 내용
• 자연탐구 〉 탐구과정 즐기기 〉 궁금한 것을 탐구하는 과정에 즐겁게 참여한다.
• 사회관계 〉 사회에 관심 가지기 〉 내가 살고 있는 곳에 대해 궁금한 것을 알아본다.

5. 매우 큰 책을 만들어요

5-2. 매우 큰 책을 만들어 봐요

활동하기

"이야기가 완성이 되었으니 그림도 그려야겠다."
"맨 처음에 뭘 그리지?"
"믿음호 타고 커져라 나라로 출발하는 거 그리자."
"나랑 □□랑 그릴게."
"그다음은 마법의 문이 수수께끼 내는 거 그릴까?"
"나! 내가 그릴래."
"거인이 사는 성이니까 크게 그려야겠다. 이건 누가 그릴래?"

- 우드락은 몇 장 필요하니?
- 우드락에 무엇으로 쓰고 그릴까?
- 이야기에 어떤 그림을 그려 넣어야 어울릴까?
- 어느 곳에다 그릴까? 어느 크기로? 어느 색이 어울릴까?

"우드락 어떻게 놓고 그리기로 할까? 위로 길게? 옆으로?"
"둘이 함께 하려니까 불편하다. 그림이 거꾸로 돼. 너 먼저 해."
"이 색깔 매직으로 하는 게 더 어울리겠다."
"이야기는 어디에다 쓰지? 그럼 거기 피해서 그림 그려야겠다."
"선생님이 써준 거 보고 잘 쓰자."
"여긴 이야기가 기니까 거기까지만 그려."
"줄 그어줄까?"
"여긴 이야기를 밑에다 쓰자. 위, 아래, 위, 아래 바꾸자."
"여기에선 매직 색깔 바꿔서 쓰자."

- 좀 더 이야기가 잘 나타나게 무엇을 더 그려주면 좋을까?
- 우드락의 어느 곳에 그림(이야기)을 그릴까? 똑같은 위치에 할까?
- 글자를 적다가 힘들면 선생님께 도와달라고 하렴.

평가하기

"숫자로 이야기 순서도 적어주자."
"깜짝 놀라는 거에 번개 표시도 해주자."
"커져라~ 나라!에도 번개 표시 해주자. 더 잘 보이게."
"그림이 더 잘 보이게 매직으로 위에를 더 한 번 더 그려주자."

- 큰 책을 보기 쉽게 더 고쳐주고 싶은 부분이 있니?
- 더욱 강조하고 싶은 부분이 있니? 무엇으로 나타내면 좋을까?
- 페이지 번호는 어느 위치에 적어줄 거니?

1

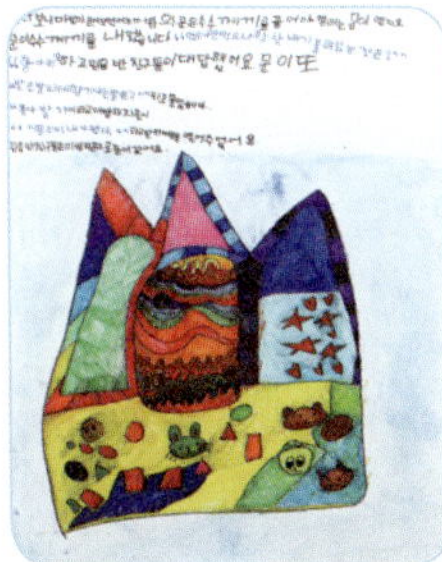
2

3

4

5

6

출처: B 유치원

놀이자료

- 융판, 마카, 우드락, 매직

놀이경험의 의미

- 이야기를 구성하는 요소가 있음을 안다.
- 또래의 생각을 존중하여 함께 큰 책을 만들어 본다.

누리과정 관련 내용

- 의사소통 〉 듣기와 말하기 〉 상대방이 하는 이야기를 듣고 관련해서 말한다.
- 예술경험 〉 창의적으로 표현하기 〉 다양한 미술 재료와 도구로 자신의 생각과 느낌을 표현한다.

5. 매우 큰 책을 만들어요

5-3. 매우 큰 책에 바코드와 ISBN을 표시해요

활동하기

"우리도 상 받은 책이라고 앞장에 적어주면 어때? 세계의 걸작 그림책이라고!"
"글자에 색을 넣자. 색연필로 칠해서"
"동화책 앞하고 뒤는 오려서 붙이자."
"바코드 번호는 978, 우리나라 89이라고 했지?"
"배화출판사는 725"
"그 뒤 번호는 어려우니까 전화번호 다 넣자. 9183."
"하나가 모자라. 2 넣을까?"
"또 작은 막대기들에도 숫자가 다섯 개가 있어. "
"불러봐봐."
"7. 7. 8. 4. 0 어때?"
"책값은 얼마라고 하지?"
"우리가 이야기도 짓고, 그림도 그리고, 오리고, 믿음반 많은 친구들이 함께 했으니 비싸게 하자."
"8만원? 9만원?"
"몇 천원도 넣자."
"△△야, 네가 써. 우리가 불러줄게."

- 맨 앞장은 어떻게 꾸밀까?
- 바코드와 ISBN은 어디에 적어 넣을 거니?
- 바코드 선의 굵기는 어떻게 표현할 거니? 언어영역에 있는 책 뒷면을 보고 도움 받을까?
- 책값은 어느 곳에 적을까?

앞

뒤

활동하기

"숫자로 이야기 순서도 적어 주자."
"깜짝 놀라는 거에 번개 표시도 해주자."
"커져라~ 나라! 에도 번개 표시 해주자. 더 잘 보이게."
"그림이 더 잘 보이게 매직으로 위에를 더 한 번 더 그려 주자."

- 작가가 누구인지도 알려 줄까? 누구라고 소개할까?
- 사람들에게 잘 읽어 보라고 작가의 한마디도 넣어 볼까?

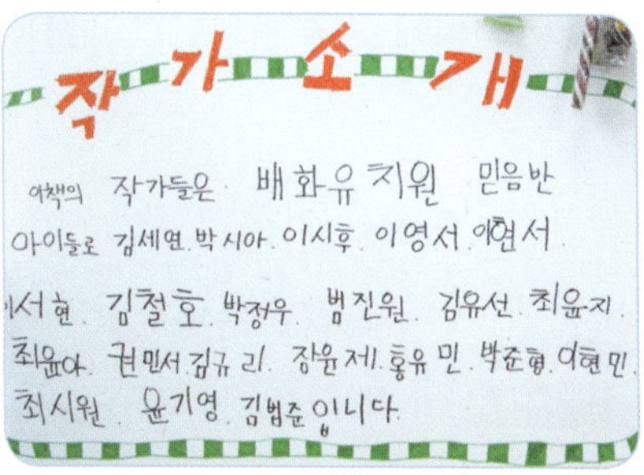

놀이자료
- 우드락, 매직, 가위, 종이, 색연필, 동화책, 풀

놀이경험의 의미
- 바코드는 다양한 굵기의 선이 있고, 정보를 담고 있음을 이해한다.
- 서로의 생각을 존중하여 ISBN을 표시해 본다.

누리과정 관련 내용
- 사회관계 〉 더불어 생활하기 〉 서로 다른 감정, 생각, 행동을 존중한다.
- 예술경험 〉 창의적으로 표현하기 〉 다양한 미술 재료와 도구로 자신의 생각과 느낌을 표현한다.

5. 매우 큰 책을 만들어요

5-4. 매우 큰 책을 전시해요

활동하기

"우리가 만든 매우 큰 책을 엄마아빠한테 보여주자."
"초대장을 써야겠네."
"우리도 사인해드리자."
"우리가 만든 큰 책을 언어영역에 잘 보이게 전시하자."
"그럼 우리 믿음반은 어디 앉아서 사인하지?"
"거기에 우리가 앉아서 사인하지? 책상을 놔야겠네!"
"한 줄로 차례로 앉자."
"엄마아빠들이 사인 받게 종이도 준비해야겠다."
"나는 내 이름으로 사인할 거야. 옆에 그림도 그려야지."

- 어른들은 책을 만들고 나서 출판기념회를 한단다. 너희들은 어떻게 할 거니?
- 엄마아빠를 어떻게 초대할까? 초대장은 어떻게 만들까?
- 우리 반에 있는 큰 텔레비전에 너희가 만든 책을 피피티 동화로 만들어서 보이게도 할까? 유치원 핸드폰(태블릿 PC)로 큰 책을 한 장씩 찍어 줄래?
- 엄마아빠가 오시면 큰 책에 대해서 뭐라고 소개할 거니?
- 사인지에 어떻게 사인해드릴 거야? 각자 정해서 연습해 볼까?

공유하기

"안녕하세요? 오늘은 믿음반 큰 책 전시회 날입니다. 와주셔서 감사합니다."
"우리가 사인해 드릴게요."
"큰 책을 어떻게 만들었는지 설명도 해 드릴게요."
"우리가 만든 책을 보고 잘 봤다고 꽃도 달아주세요~"

공유하기

놀이자료

• 큰 책, 책상, 의자, 사인지, 펜, 텔레비전, ppt동화, 유치원 핸드폰(태블릿 PC)

놀이경험의 의미

• 성과물을 타인과 공유함으로써 성취감을 느낀다.
• 초대받은 사람에게 친절하게 안내한다.

누리과정 관련 내용

• 의사소통 〉 읽기와 쓰기에 관심 가지기 〉 자신의 생각을 글자와 비슷한 형태로 표현한다.
• 사회관계 〉 더불어 생활하기 〉 친구와 어른께 예의바르게 행동한다.

3, 4세와의 공유

• 3세와 4세반에게 사인지를 나눠줘서 5세 사인을 받게 하고, 큰 책의 내용을 읽어줘서 듣게 한다.

참고문헌

강승연(2019). **엄마아빠와 함께 하는 율동 동요**. 한솔수북.

교육부(2015). 보도자료 9월 23일자.

교육부, 보건복지부(2019). 2019 개정 누리과정.

김명순(2019). 놀이에 대한 부정적 오해와 긍정적 편견: 미래사회 변화에서 교육과정 놀이에 대한 재개념화 방향과 과제. 유아, 놀이, 유아교육을 위한 평가의 미래. 한국유아교육학회 춘계학술대회자료. pp.41-66.

김성원, 정영란, 우애자, 이현주(2012). 융합인재교육을 위한 이론적 모형의 제안. **한국과학교육학회지, 32**(2), 388-401.

김은영(2019). 누리과정 개정방향 및 특성 이해하기. 2019년 개정 누리과정 후속 지원사업 강사요원 연수자료. 교육부, 충청남도 교육청, 한국교원대학교 유아교육원.

다니엘핑크 지음, 김명철 옮김(2006). **새로운 미래가 온다**. 한국경제신문.

미첼 레스닉 지음, 최두환 옮김(2018). **미첼 레스닉의 평생유치원**. 다산 사이언스.

박윤규(2006). **팥죽할멈과 호랑이**. 시공주니어.

백창우(2003). **섬진강 아이들이 쓰고 백창우가 만든 노래**. 보리.

보건복지부(2013). 제3차 표준보육과정.

스튜어트 브라운, 크리스토퍼 본 지음, 윤미나 옮김(2010). **플레이-즐거움의 발견**. 흐름 출판.

스티븐 나흐마노비츠 지음, 이상원 옮김(2008). **놀이-마르지 않는 창조의 샘**. 에코의 서재.

앤서니 브라운 저, 장미란 역(2008). **우리는 친구**. 웅진주니어.

이시도 나나코 지음, 김경인 옮김(2016). **상상력과 창조력이 깨어나는 내일의 배움터-미래교실**. 청어람 미디어.

이하영, 진영은(2014). 상상력에 관한 연구 동향 및 유형 재탐색. **학습자중심교과교육연구, 14**(7), 281-308.

정재승(2019). 호기심을 거세하는 교육에 희망은 없다. 중앙 선데이, 2019년 6월 15일자 p.31.

중앙대부속유치원(2014). **관계에 기초한 중앙대학교사범대학부속유치원 교육과정**. 공동체.

허승희, 박동섭, 강승희(1999). **아동의 상상력 발달**. 학지사.

저자 소개

박 찬 옥 (유아교육학 전공 · 문학박사)

현) 중앙대학교 유아교육과 명예교수

전) 서울시 유치원 평가 기획위원

중앙대학교사범대학부속유치원 원장

한국유아교육협회 회장

한국영유아교원교육학회 회장

저서) 유아교육과정(2020), 유아교과교육론(2014), 유치원 다닐 때 꼭 알아야 할 65가지(2011)

곽 현 주 (유아교육학 전공 · 문학박사)

현) 배화여자대학교 유아교육과 교수

전) 배화여자대학교부속배화유치원 원장

저서) 유아교육과정(2020), 아동음악(2019), 바른 인성 함양을 돕는 동요(2013)

이 예 숙 (유아교육학 전공 · 문학박사)

현) 배화여자대학교 유아교육과 교수

저서) 유치원 교직실무(2019), 6주간 보육실습(2017), 보육과정(2015)

홍 찬 의 (유아교육학 전공 · 문학박사)

현) 배화여자대학교 유아교육과 교수

저서) 유아교육과정(2020), 유치원 교직실무(2019), 교육계획을 위한 이론과 연습(2017)

황 지 영 (유아교육학 전공 · 문학박사)

현) 안산대학교 유아교육과 교수

저서) 영유아 안전관리와 안전교육(2019), 예비 유아교사를 위한 유아교육개론(2019)

2019년 개정 누리과정에 기초한 유아창의융합놀이 프로그램

1판 1쇄 인쇄	2020년 1월 15일
1판 1쇄 발행	2020년 1월 20일
저 자	박찬옥 · 곽현주 · 이예숙 · 홍찬의 · 황지영
발 행 인	회장 박철용
	대표 박세원
발 행 처	정민사
주 소	경기도 파주시 직지길 522 파주출판도시
전 화	031-955-8030
팩 스	031-955-8025
홈페이지	http://www.jmpub.co.kr
이 메 일	jmpub@chol.com
출판등록	1979년 1월 22일 No. 406-2004-000130호
ISBN	978-89-5809-788-4
정 가	17,000원